ぶらりあるき 韓国済州島の博物館

Jeju Korea Museum

中村 浩
Hiroshi Nakamura

芙蓉書房出版

済州牧官衙址　外大門

済州平和博物館

済州航空宇宙博物館

チョコレート博物館

済州民俗村博物館

仙女ときこりのテーマパーク

世界自動車博物館

ハヌルランド・凧博物館

トリックアイ3D博物館

海洋動物博物館

城邑民俗マウルのトルハルバン像

済州海女博物館

みかん博物館のモニュメント

金陵石物園

徐福展示館

ハローキティランド

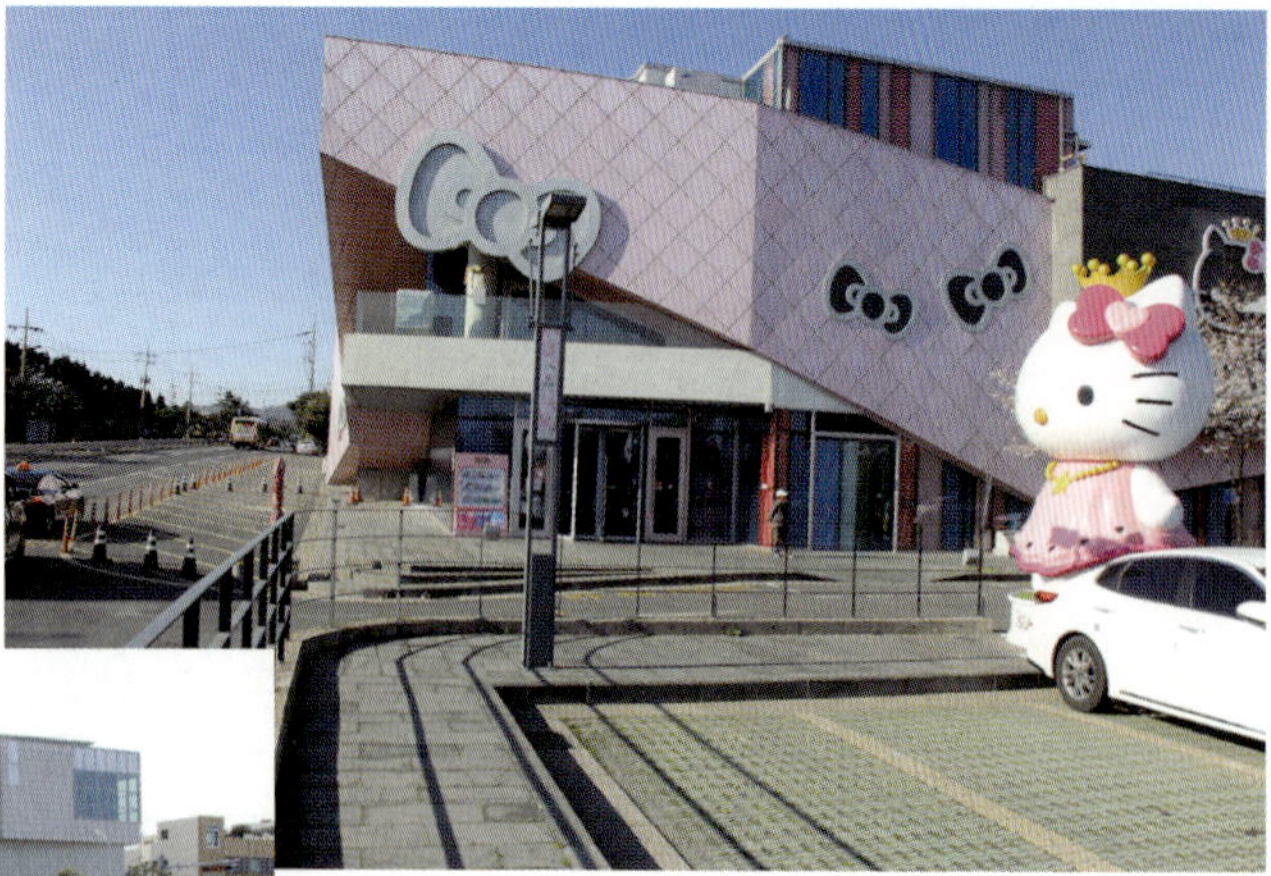

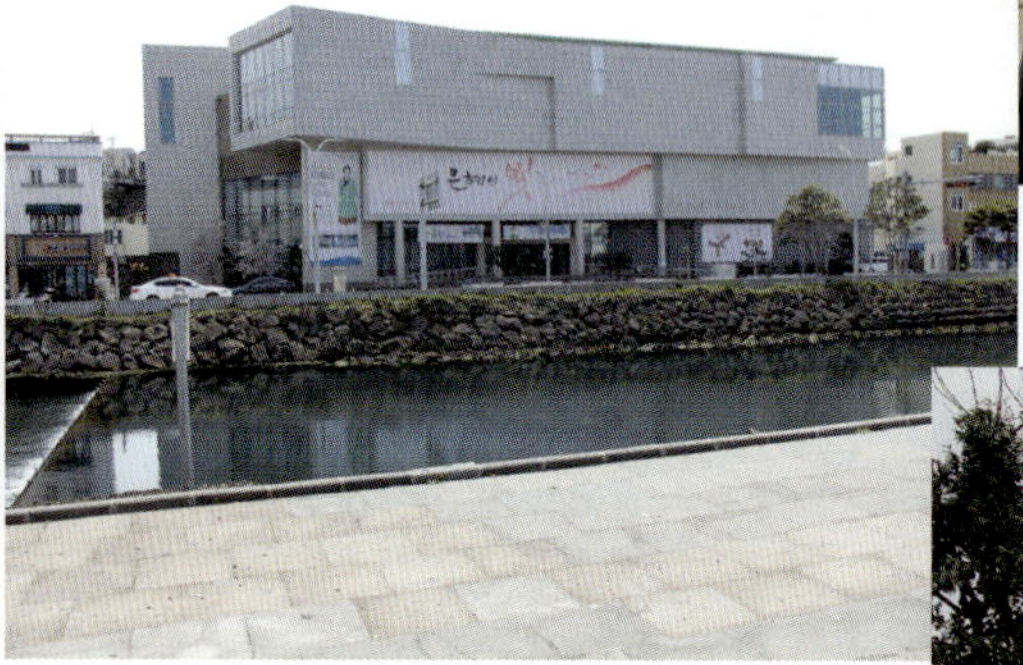

金萬徳記念館

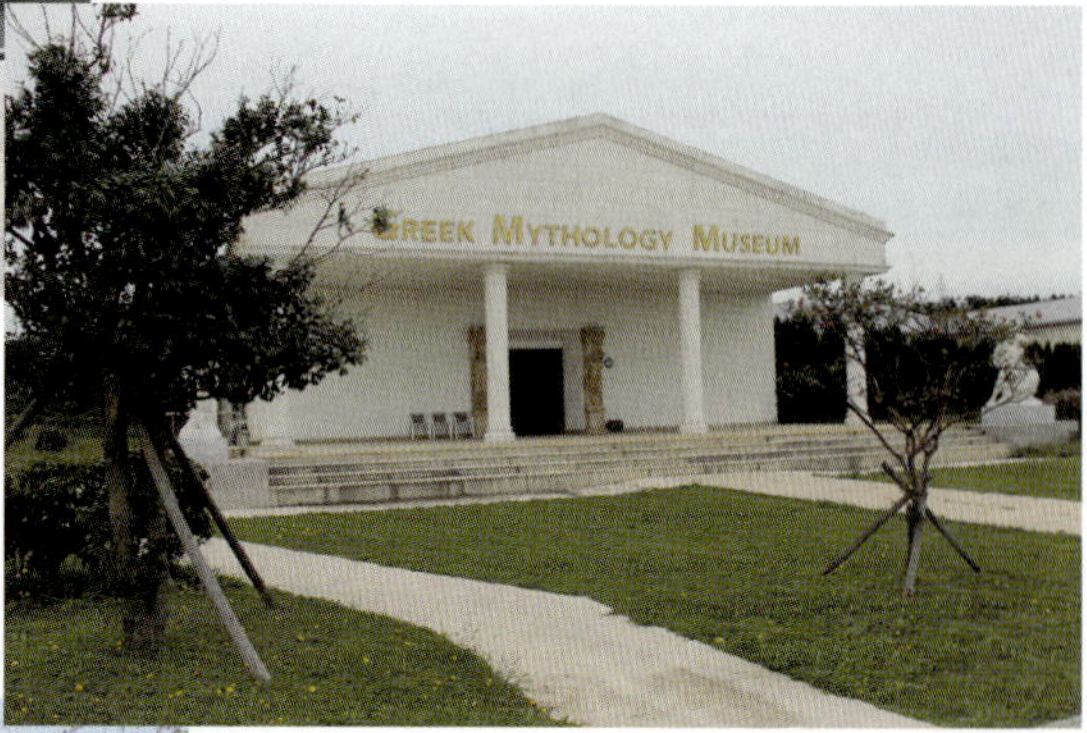

ギリシャ神話博物館

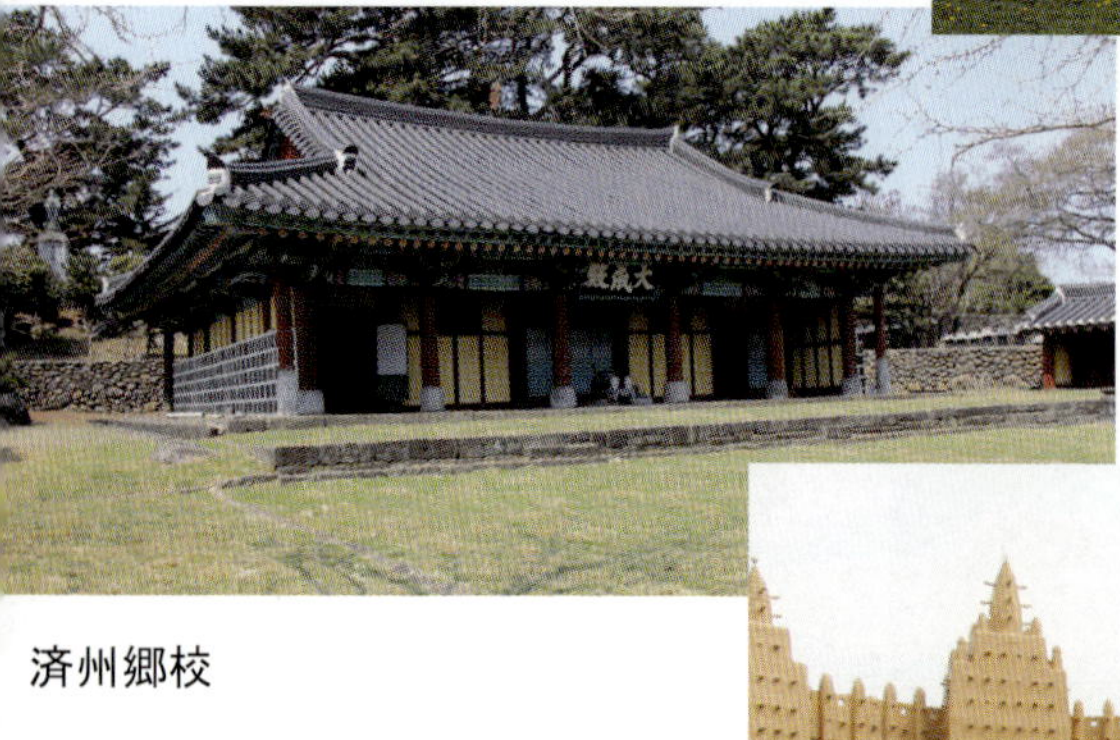

済州郷校

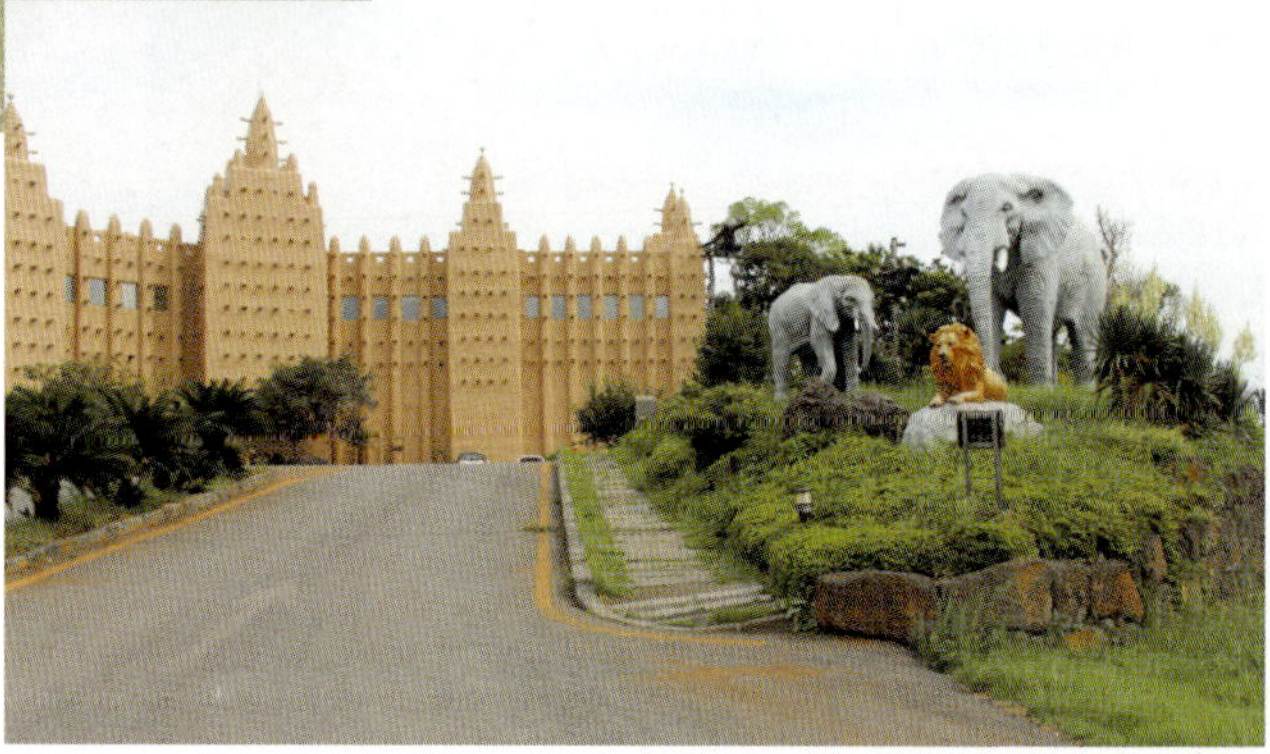

アフリカ博物館

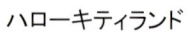

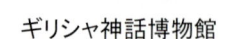

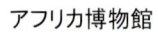

まえがき

　済州島は朝鮮半島の南西、日本海、東シナ海、黄海の間にある楕円形をした火山島です。その付近の島嶼と併せて済州特別自治道を構成しています。人口は六十六万人、面積は一八四五平方キロ。日本で最も狭い香川県に僅かに及ばない広さです。島の中央に漢拏山というかつての火山がそびえ、その周辺にも火山活動の痕跡があります。そのため島内各所には熔岩洞窟など美しい自然景観がたくさんあり、二〇〇七年に世界自然遺産に登録されています。

　済州島には「三無三多」という言葉があります。「三無」は門扉がない、泥棒がいない、乞食がいないの三無で、「三多」は風が多い、岩が多い、女性が多いという意味です。

　もう一つ、実は特徴的に多いことがあります。それは博物館、博物館類似設が多いことです。ちなみに現在活動しているかどうかは別として一〇〇以上あります。面積がほぼ同じ香川県の三七館、大阪府の七五館と比較しても多いことがわかります。それが済州島の特殊性によるものかどうかは分かりませんが、少なくとも韓国の他の地域と比べても多いのは興味深いことです。

　済州島は温暖な気候のため韓国随一のリゾート地となっており、国内外からの多くの観光客が訪れています。これに対応するための観光資源としてゴルフ場が開発され、博物館やテーマパークが整備されたのです。

　ただし急速な開発は乱開発を招くことになり、過当競争に陥り、閉鎖を余儀なくされる施設が出てくるようになりました。例えば済州島ドリームランド、大王四神記のテーマパーク、ダビンチミュージアムなどはすでに閉鎖されています。一方、テディベアーをテーマとした博物館は三館、３Ｄアート、ミニチュアの世界、キャラクター、性、チョコレート、ガラスなどをテーマにした博物館はいずれも二館以上ありますが、どこも営業を続けています。

風光明媚な済州島は観光開発には好条件が揃っている地域といえるでしょう。博物館は観光目的を第一義としている施設ではありませんが、重要な観光資源として活用され、新たな博物館像を模索しつつある済州島の博物館の姿に触れてみませんか？

中村　浩

ぶらりあるき韓国済州島の博物館　目次

済州島北部地域の博物館 ………… 11

済州島東部地域の博物館

済州島南部地域の博物館　99

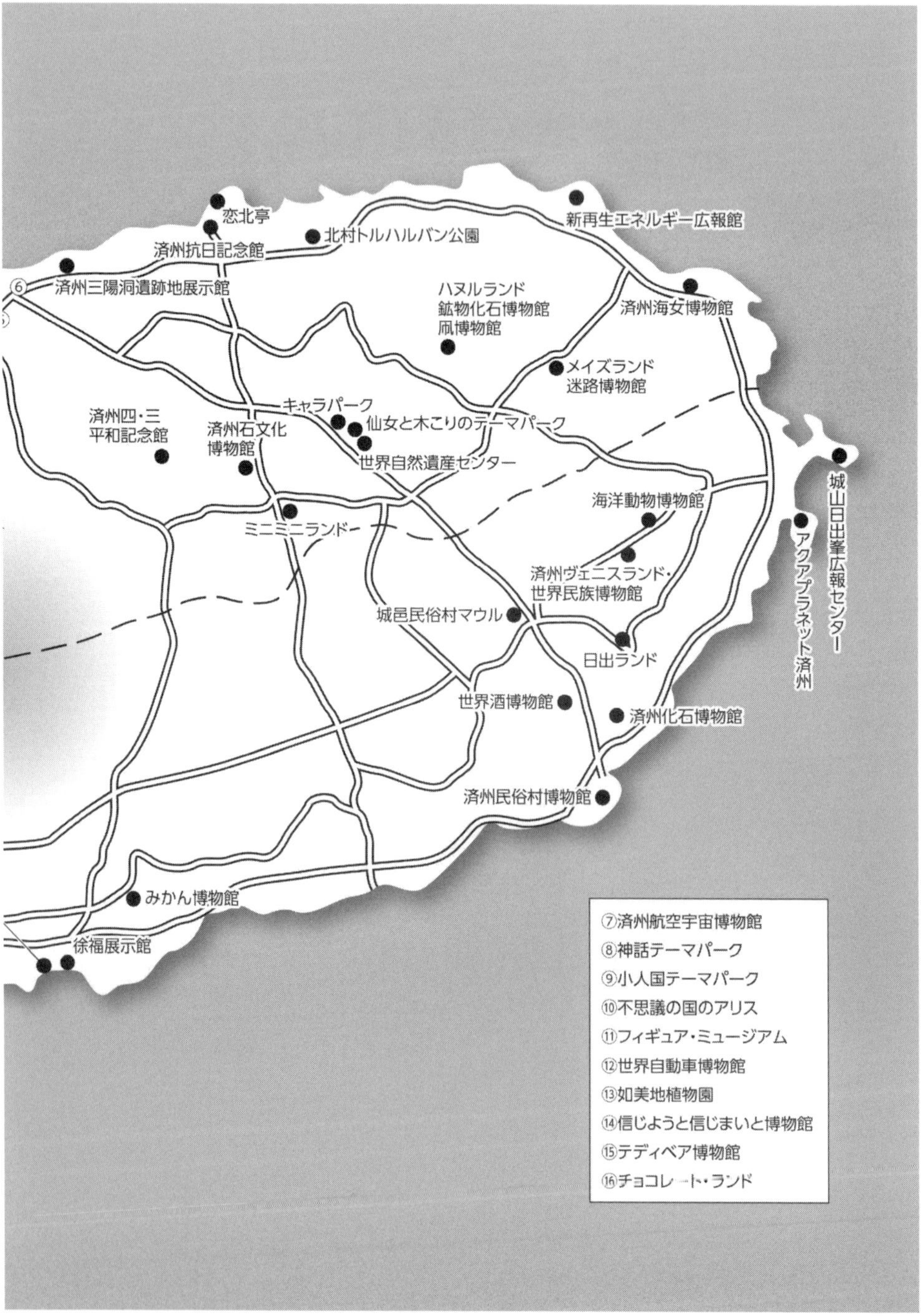

⑦済州航空宇宙博物館
⑧神話テーマパーク
⑨小人国テーマパーク
⑩不思議の国のアリス
⑪フィギュア・ミュージアム
⑫世界自動車博物館
⑬如美地植物園
⑭信じようと信じまいと博物館
⑮テディベア博物館
⑯チョコレート・ランド

済州島
①三姓穴展示館
②済州牧官衙址
③済州郷校
④金萬徳記念館
⑤道立民俗自然史博物館
⑥国立済州博物館
済州国際空港
道立美術館
済州ラブランド
缸坡頭里内展示館
テディベアー・サファリ博物館
済州市
翰林公園
金陵石物園
漢拏山
ギリシャ神話博物館
トリックアイ3D美術館
済州現代美術館
方林園
西帰浦市
ガラスの城
オースロック・ティー・
ミュージアム
済州平和博物館
本態(ポンテ)博物館
ハローキティランド
ガラス博物館
李仲燮美術館
チョコレート博物館
秋史館
済州彫刻公園
アライブ・ミュージアム
大静県歴史資料展示館
大静郷校
健康と性の博物館
アフリカ博物館
ハメルシップ・
エクシビジョンセンター

済州島北部地域

✿三姓穴《サムソンヒヒョル》（済州市三姓路22）

済州島のルーツである耽羅国を創始した三神が最初に現れたとされている聖地です。この三姓穴から生まれたのは高乙那《コウウルナ》、良乙那《ヤンウルナ》、夫乙那《プウルナ》の三神で、狩猟をして暮らしていましたが、ある時、五穀の種を持って来た碧浪国の三王女を迎え入れてから、農業が盛んとなり耽羅王国へと発展していったとされています。

朝鮮時代の中宗二一年（一五二六）当時の牧使（道知事）であった李寿童《イ・スドン》によって三姓穴の周りに囲いが造られました。以来、春には三神を祀る祭祀が行われています。境内には一六九八年に建設された三聖殿や近年に整備された三姓穴展示館があります。

見学は駐車場から参道に入る場所に「耽羅国発祥地」と朱書きされた場所から始まります。参道の正面には鳥居が設置され、続いて乾始門となります。門を入ってすぐにチケット売り場があり、次に左手側に曲がり、崇報室という建物に案内されます。ここはかつて儒生たちが勉強をした場所ですが、今ではここでは三姓穴にまつわる誕生神話とその後の話題をアニメで描いた立体映像を特殊メガネをかけて一五分程度鑑賞す

三姓穴

「耽羅国発祥地」の碑

乾始門

る場所となっています。美しい色調の立体映像と日本語解説でよく理解できます。
　ここから三姓穴の場所まではすぐです。周りを杭で円形に囲まれた芝のくぼみがそれです。三姓穴、三聖殿、三聖門と一直線で並んでおり、完全に聖地として祀られていることがわかります。なお現在三姓穴は国指定史跡第一三四号に指定されています。

✾三姓穴展示館

　三姓穴の場所からさらに右手奥に行くと三姓穴展示館があります。三姓穴の後背地の森も比較的広くとられており、周囲の喧騒が入りこまないように配慮されています。

　館内は板張りフロアで美しく清掃されており、土足でそのままどうぞと案内されますが、思わず靴を脱ぎたくなるような美しさです。

　ここには三姓穴から三神が生まれ出る様子や、狩猟生活で生活をしていた様子、五穀の種を持ってきた碧浪国の三王女を迎え入れる海岸、さらに三神が王女たちと結婚するために斎戒沐浴を行う場面など神話にもとづい

三姓穴展示館

た各場面と後に三神を祀っている状況をジオラマで表現しています。

展示館の中央には済州島全体のジオラマ地形模型が置かれており、中央の火山によってできた火山島であることがよく理解できます。

さらに古典籍や古文書などとともに、祭祀の際に着用する儀礼服、祭祀を行うために用いる杯、鉢などの什器と燭台や高炉、爵といった祭具が並べられています。

なお三姓穴の神話を一五分程度にまとめたアニメーション映像も映像館で見ることができます。

済州島全体のジオラマ地形模型

什器と祭具の展示

✿済州《チェジュ》牧《モック》官衙《アナ》址（済州市三徒二洞１０４５）

済州牧官衙は、朝鮮時代済州地方の統治の中心地でした。現在の観徳亭を含む周辺一帯に分布しており、古くは耽羅国時代の星王庁などの主要官衙施設があったとされています。主要官衙施設は一四三四年（世宗一六）に焼失しましたが、翌年の一四三五年には大半が再建されました。しかし日本統治時代、この一帯は壊滅的に破壊され、観徳亭を除いて大半が失われてしまいました。

済州市では耽羅国時代から継続するこの牧官衙を本来の姿に復元すべく、一九九一年から一九九八年まで四度にわたって発掘調査を行いました。この調査によって耽羅国時代から朝鮮時代の官衙の存在が確認され、一九九三年三月三〇日に牧官衙地域一帯が国家史跡第三八〇号として指定されました。

発掘調査で確認された礎石を中心に、研究成果をもとに建物の復元工事が始まりました。三〇万枚もの瓦を寄進した済州市民や関係当局の努力によって、一九九九年九月に着工し二〇〇二年一二月に竣工しました。

では見事に復元された済州牧官衙を見ていくことにしましょう。

まず外大門の前に「守令以下皆下馬」という石碑があります。「守令《スリョン》」とは地方官の総称です。日本の寺社の門前で見られる「下馬石」と同じようなもので、韓国では、一四一三年（大宗一三）に宗廟や宮門の前に建てられた「下馬碑」が最初であるとされています。この碑石の由来は不明ですが、一八三四年（純祖三四）にそれまであった碑を韓応浩牧使が建て替えたという記録が残されています。

「守令以下皆下馬」の石碑

門を入って正面には中大門があり、さらに奥には望京楼という建物があります。この建物は耽羅巡歴図体験館となっています。「耽羅巡歴図」は、一七〇二年に李ヒョンサン済州牧使が済州道内各村巡歴の様子とさまざまな行事の場面などを画工の金南吉に描かせたもので、現在堂内の壁面などにこの図が描かれています。

この望京楼とは、北斗七星を頼りにして、王のいるソウルを望みながら王の恩徳をたたえる場所であり、済州牧使にとっては必要な官衙でした。一五五六年（明宗一一）に金秀文牧使によって創建され、以後たびたび修築されてきました。

延曦閣は、望京楼の手前、大門から見て左側にある建物です。建物の規模は正面五間、側面三間、面積一三六・六㎡で、ここで牧使が政務をとっていました。
この建物の前方にあるのが弘化閣で、節制使が執務をとっていた場所です。命名の由来は「王の優しい徳があまねく届くように」という意味だそうです。建物の規模は正面五間、側面四間で、面積は一五五・八㎡です。

友蓮堂は延曦閣の前方にある建物で、ここは宴会場や貢物を捧げる場所として利用されました。

これらの建物群と反対側にある建物を見ていきましょう。延曦閣と道を挟んで向かい側にある小さな建物が橘林堂です。ここは琴を弾いたり、詩を詠じ酒を飲む場所として使用されていました。もともとは五間の建物であったとのことですが、李源祚牧使の著した『橘林堂重修紀』によれば「この土地に橘の名で造られた国の果樹園は三六カ所あるが、ぽつんとこの橘林堂だけ延曦閣の近くにある。立秋以後になると多くの実が黄色く熟れる。公務の間、暇つぶしに散歩を楽しんでいると、香ばしい香りが鼻につき、枝には実が一杯結んでいる。木々を眺めていると心身ともにさわやかになる。しかし橘林堂がいつ建てられたのかはわからない」とあります。

外大門

瀛洲協堂は軍人たちが勤務していた場所で、創建年代は明らかではありません。ところで、昔の軍官庁は営・牧の所属で、分離される際に営軍官庁となりました。軍官の数は初めは一五人であったのが、孝宗初期に一〇名となりました。軍官たちが往来するときには営に馬が支給されましたが、私事で馬を所持することは許されませんでした。一八三〇年（純祖三〇）に建て替えられ共済堂と改称されました。同じ建物の右端から二番目の部屋は教坊と呼ばれ、官庁に所属している妓生に楽器を教えるところで、現在はそ

望京楼

中友蓮堂と蓮池

瀛洲協堂内部

辞令関係の文書

の服装と楽器を展示しています。さらにこの部屋の右隣は官婢房で、役所に所属する下女たちの居住空間でした。

このほか礎石の確認された建物はいくつかありますが、それらは建物は復元されず、どのような建物であったのかを説明する表示があります。

外大門に続く回廊内には歴史展示館があります。済州牧官の任命状や関連古文書、書籍をはじめ歴代の牧使に関する年表、調査で発見された屋根瓦などの出土遺物が展示されています。

このほか回廊には軍牢庁や戸籍房などの役所の配置がわかるジオラマがあります。

観徳亭

外大門の外側に観徳亭の建物が残されています。この建物は一四四八年（世宗三〇）に兵士の訓練と武芸修練場として使用するために建てられました。日本統治時代にはこの建物だけが破壊を免れており、貴重な文化財となっています。

観徳とは文武の正しい精神を模範とするために『礼記』の「射者所以観盛徳也」からとった名前で「常に心を正しく立派な徳を積む」という意味があります。

現在では、この建物の前で簡単な集会や演奏会が催されるようで、訪問した際もスピーカーなどの設営が行われていました。

トルハルバン像

現在、観徳亭の左右の前方に立てられている石

トルハルバン像

観徳亭

像がトルハルバンです。トルハルバンは偶石木、武石木、ポックスモリなどと呼ばれ、済州牧、旌義縣、大静縣の城門の入口に立てられた石像です。守護神として、また呪術宗教的、境界表示などの機能をしたとみられ、半島地域に見られるジャスンのような役割を果たしていたとされています。

現在は済州大学、済州市役所、三姓穴、観徳亭など済州市内に二一基、西帰浦市表善面城邑里に一二基、大静邑の仁城・安城・保城に一二基の計四五基があります。そのほとんどはブレード帽子をかぶり、飛び出した大きな目とだんご鼻、口は固く閉じ、両手は腹の上下に載せています。平均身長は、済州市にあるものが一八七㎝、城邑一四一㎝、大静一三四㎝で、製作年代は一七五四年（英祖三〇）頃と考えられています。

✻済州郷校（済州市龍潭洞）

済州国際空港からほど近い距離にある済州郷校は、済州で最初の学校です。郷校とは中央政府や地方政府によって設置された公共機関の学校です。

一三九二年（太祖元）に設立され、改築と移転を何度も繰り返した後、一八二七年（純祖二七）に現在の場所に移されました。先聖・先徳の位牌を奉安し、人材育成と学問の修養を目的に建てられたものでした。

朝鮮中期、個人やグループ、特定の家門によって開設された民間の教育施設「書院」が登場すると、済州郷校の機能は弱まっていきました。書院の教育者の方がはるかにレベルが高く、郷校で学ぶものは多くはなか

済州郷校の大成門

ったそうです。

現在、敷地内には大成殿、明倫堂、啓聖祠、杏壇亭、典祀庁などの建物が残されています。正門の大成門の前には「大小人下馬」と書かれた石碑が建てられています。これは済州牧官衙の正門前にもありましたが、地位の上下にかかわらずこの場所で馬から降りて礼を尊び、重んじよという戒めの碑石です。

大成殿は文廟とも呼ばれ、孔子の位牌を正位に、顔子、曾子、子思、孟子の五聖人と孔門十哲・宋朝六賢・韓国十八賢など合計三九位の位牌を祀っています。とくにほかの郷校と異なり、啓聖祠が一八五四年（哲宗五）に創建されました。郷校内の最も奥に位置する建物です。ここには五聖の父親の位牌も祀られています。明倫堂は門を入ってすぐ左手にある最も規模の大きな横長の建物で人材を育成するための講堂です。この建物では主として四書五経が講義されました。杏壇亭は六角形の建物で、ここは講師が弟子たちの礼と楽を享受する場所でした。典祀庁は郷校の祭祀を行い、祭饌を準備する場所であり、祭官が留宿する場所です。なおこれらの建物は現在道指定有形文化財第2号に指定されています。

大成殿

✻金萬徳記念館（済州市山地路7）

現在韓国内で流通している高額紙幣の五万ウオン札に描かれている女性、金萬徳の記念館があります。金萬徳は一七三九年に済州島で生まれました。不幸にも幼いころに両親と死別し他人に預けられ、妓生という賤民（最下層の身分）の待遇に苦しみます。萬徳は妓生名簿からの削除を官庁に要請しますが、そのたびに拒絶されます。それでも意志を曲げず牧使や判官を何度も訪ねて懇願した結果、人々の役に立つことを約束し、ようやく妓生名簿から外れました。

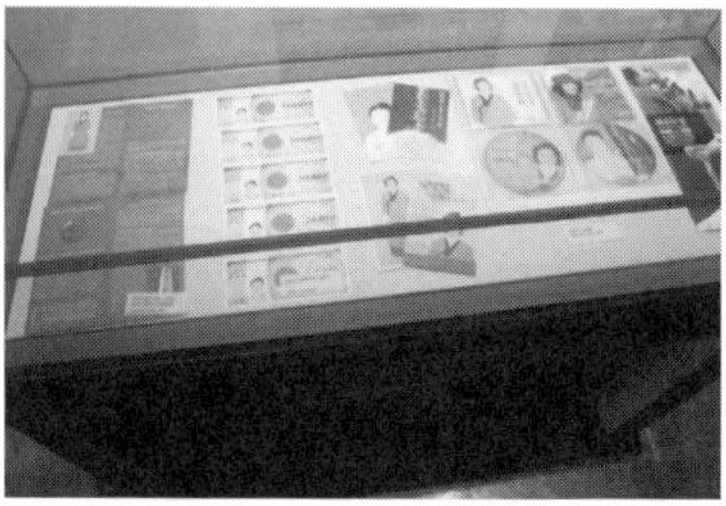

紙幣の肖像にもなった金萬徳

　その後、萬徳は才能を発揮し、済州一の商人にまで上りつめます。一七九二年から一七九五年にかけての済州島大凶作の際、朝廷からの救済米を積んだ船が沈没し、全島民が餓死の危機に瀕しました。これを見た萬徳は全財産をなげうって本土からコメを買い上げ、飢饉状態の島民に与えました。これで島民の三分の一が救われたともいわれています。この功績は朝廷にも届き、内医院医女班首という官位と最高の待遇を与えられました。一八一二年に七四歳で死去した萬徳の波乱の生涯はテレビドラマにもなり、日本でも放送されました。

等身大の萬徳像と米袋

　記念館入口ロビーには、金萬徳の等身大の像とその前に積まれた米袋が目を引きます。

　三階の常設展示「恵みの光に出会う」では、その生涯、「分かち合い精神」、巨商として成功した萬徳の事績などをはじめ、飢民を救済した話、正祖王に拝謁後金剛山観光を行ったことなどたくさんのエピソードが紹介されています。

金萬徳記念館

　二階は、「分かち合い」の意味とその実践方法を体験活動から学ぶ空間になっています。

✿済州特別自治道立民俗自然史博物館《チェジュトゥチャチドミンソッチョヨンサパンムルグァン》（済州市一徒二洞996）

済州特別自治道はユネスコの自然科学部門の生物保護区、世界自然遺産、世界ジオパークの三冠を達成し、世界七大自然奇観にも選定された人類の文化遺産と自然遺産を伝承・保全する文化の宝庫といえます。この博物館は、済州島の民俗と自然資料を蒐集、管理、保管し、調査、研究を通じて展示、公開、社会教育、観光、学術研究などに資する機関として一九八四年五月二四日に開館しました。

展示のほとんどは一階で行われており、一部二階（中二階）も使用されています。一階ロビーから時計回りに順路が設定されています。

展示室を入ってすぐ右にある大きな洞窟のジオラマは拒文岳熔岩洞窟系のものです。拒文岳熔岩洞窟系とは、拒文岳から噴出した溶岩流が海岸まで流れていく過程で形成された洞窟群のことで、拒文岳、ベンテイ窟、万丈窟、金寧窟、龍泉洞窟、タンチョム洞窟が含まれます。窟内には熔岩鍾乳、熔岩石柱、熔岩標石、岩棚など多様な熔岩洞窟生成物があります。それらの一端を示したジオラマですが、熔岩が生成した芸術作品として大変迫力あるものでしょう。

自然史展示室から見学が始まります。まず「火山島としての済州島の成立」です。火山の溶岩からできた奇妙な形の岩が多く集められています。まさに石の文化と呼ぶに相応しいものといえましょう。

民俗自然史博物館

西帰浦層と呼ばれる地層が西帰浦の西側海岸にあります。この地層は一九二八年にハラグチ（Haraguti）が貝類化石の多く含む地層を西帰浦層と命名したことに由来しています。この地層は礫質砂岩、砂岩、砂室泥岩、泥岩やハイアロクラスタイトなどで構成されており、貝類化石をはじめウニ、有孔虫、サンゴなどの海洋生物など化石を多くを含んでいます。この地質層を切り取ったものがケース内に展示されており、砂礫の中に貝類の化石が含まれている様子がよくわかります。

次は自然分野の動植物の世界です。このコーナーはジオラマが大半で、わかりやすい展示になっています。鳥類のコーナーでは水鳥が水をかいて泳ぐ様子を電動仕掛けで見せています。

落葉樹林帯の森のジオラマと針葉樹林帯及び潅木林のジオラマを見ることができます。また済州から消えた動物については骨や化石で展示しています。それによると、ヒグマとニホンシカの骨が一九七三年の調査で洞窟から発掘されたそうです。植物についても紹介されています。とくに最後のコーナーで昆虫の紹介があります。一八四三年、イギリス人医師Ａ・アダムスによって済州島地域で採集された昆虫標本が専門学術誌に「チェジュホンダンカブトムシ」と紹介されました。韓国を代表し、近代の学名として発表された最初の記録でした。

民俗展示室１は中央を吹き抜けにして漁業の様子を実物大の筏のジオラマで再現しています。また「コ」の字型に囲まれた部分が二階（中二階）となっており、上部から船の様子を観察することができます。また一階の周囲の壁面にはガラスケースが連続しており、結婚式の風俗、葬送儀礼、祭祀の様子など済州の風俗習慣がジオラマで示されています。

次は民俗展示室２です。ここには農耕及び漁撈、狩猟という生業に関する資料が集められています。農具の展示に始まり、海女の活動のジオラマ、山での小動物の狩猟活動とその道具類の展示があります。また村の鍛冶屋での製鉄作業の様子のジオラマもあります。そのほかわずかですが文人たちの活動も紹介さ

済州島北部地域の博物館

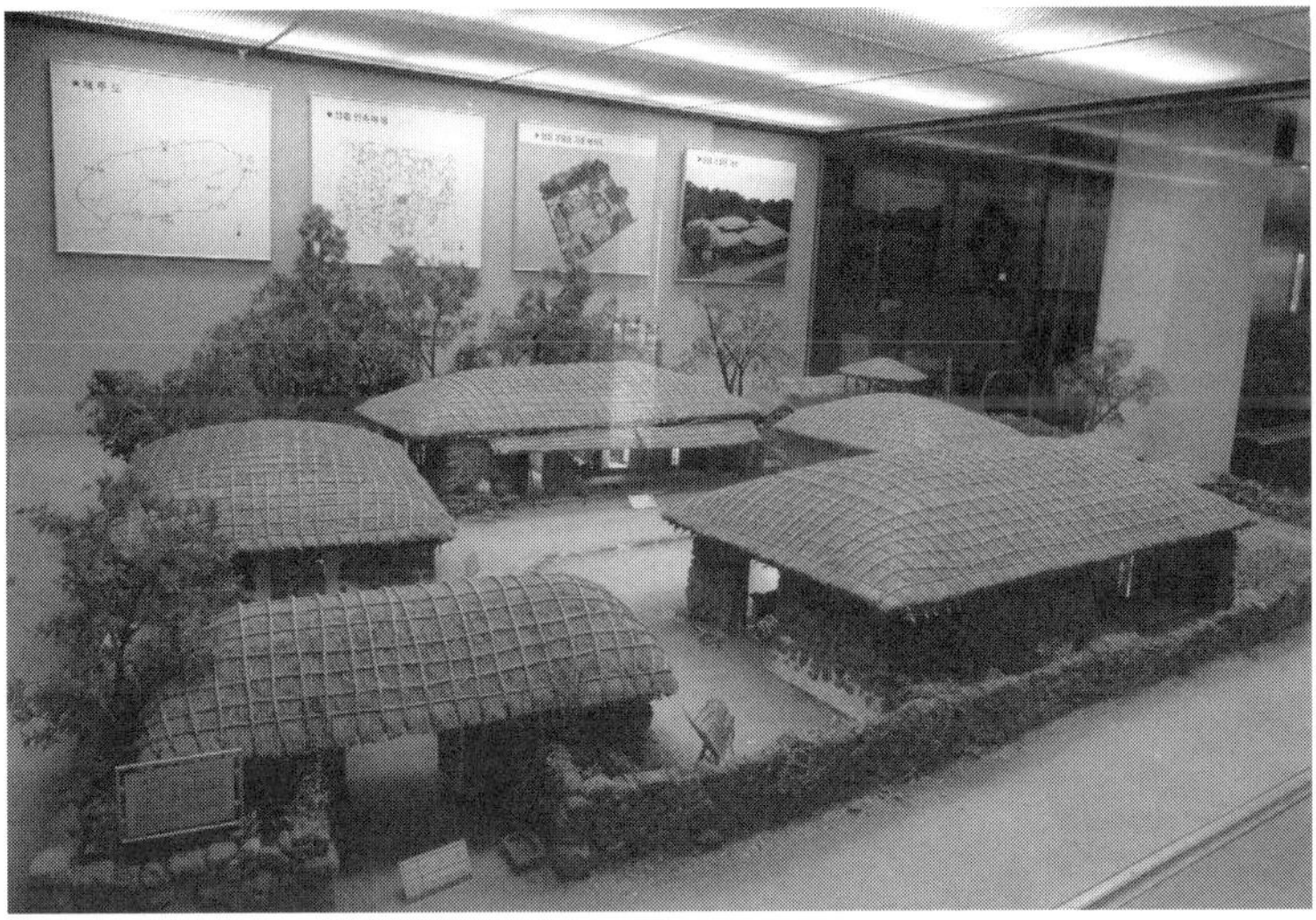

済州島の民家のジオラマ

海女の作業

馬による耕作

製鉄の作業

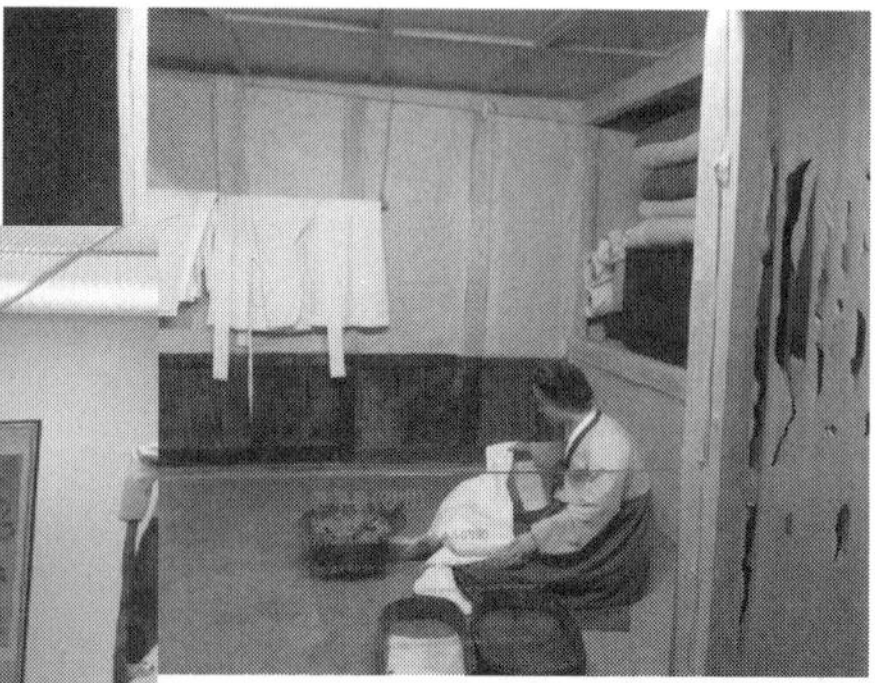

衣服の繕い作業

結婚式

西中川渓谷の鳥類

西中川渓谷の植物標本

リュウグウノツカイの剥製

れています。

続いて済州体験館があります。ここは展示よりも体験を重視するコーナーです。済州地域の民家の様子がパネルで示され、独特の木の棒で造られた囲いがあります。それはジェンナンと呼ばれるもので、独特の門に代わる構造物です。石の杭を対にして置き、その間に棒を三本渡して置く。「ここから入るべからず」という合図というよりは、「家人は今留守です」というしるしとしてこのようにしておくようです。二本かかっていると「家人はすぐ戻ります」、まったくかけられていないと「家人は今居ます」という合図だといいます。畑にもこの構造物があり、やはり人の所在を示すものだそうです。司馬遼太郎は著書の中でこの構造物に触れ、「まことにのどかな装置で、もし島に泥棒がいたとしたらジェンナンが架かっている家を探して張り込めばいい。畑にもジェンナンがある。耕し終わるとひとびとはジェンナンをかけて家路につく。畑泥棒がいるとすれば、ジェンナンのかかった畑を狙えばいい。要するに『三無』にいうとおり、どろぼうがいないことを証拠立てるような風習なのである」(『街道をゆく　耽羅紀行』)と書かれています。

またカルオッと呼ばれる済州島の雨や風に強い茶褐色の作業服の着用体験などが用意されています。

ここを出るとミュージアム・ショップです。小さな店で品揃えも十分とは言えませんが、カタログ類を購入できます。またミュージアム・ショップの前のロビーには横に長い展示ケースが置かれ、中にリュウグウノツカイと呼ばれる深海魚二尾の剥製が置かれています。

博物館正面の左側に特別展示室があります。「済州島の渓谷への招待」と表示されています。済州島の川と渓谷は生態系の避難所でありながら生物

ジェンナン　3本は留守の合図

多様性の宝とされています。とくに西帰浦市南原邑にある西中川は、美しい自然景観だけでなく、済州島の人々の生活史も見える場所でもあります。この西中川渓谷の生物、植物、さらに人々の暮らしとの関わりがパネルとジオラマで展示されています。また植物の押し花状のシダ植物のさく葉標本の展示、美しい蝶や小鳥の剥く製などもあります。

野外展示場

博物館の階段前正面には済州島のシンボルでもあるトルハルバンの石像が置かれています。さらに広場には済州地域で産出される自然の岩石が集められています。どれも一ｍを超える大きいものばかりです。

✽国立済州博物館《クンニプチェジュパンムルグァン》（済州市健入洞２６１）

済州市内にある国立博物館です。済州地域の歴史文化に関する様々な資料や考古遺物を収集・保存し、体系的な展示や学術調査・研究を目的として二〇〇一年六月一五日に開館しました。

展示室は一階のみですが、左右に広大な展示が展開しています。入口から間もなくは旧石器時代の展示「済州島のはじまり」です。

済州島は今から一八〇万年前から一〇万年前に起きた火山活動によってできた島です。約四万年前から中国大陸や九州と陸続きであったと考えられ、済州市ビレモッ洞窟などで見つかった旧石器時代遺跡からはそれらの交流をうかがわせる遺物が出土しています。当時の人々は洞窟や岩陰で暮らしながら、狩猟や漁労をしていたと考えられています。

国立済州博物館

氷河期の終わった新石器時代の一万年前には海の水位が上昇し、大陸とのつながりが途絶え、済州地域は文字通り島となります。この時代の遺跡としては済州市高山里遺跡が知られており、石鏃や隆起文土器が展示されています。

次の展示は「集落の発展と変化」です。済州島の青銅器時代は半島中南部地域との交流によって形成されたとされています。多くの人々が集団で集落を構成していたことが明らかとなっています。済州市の三陽洞と龍譚洞遺跡では青銅器時代の大勢の人々が集団で生活をしていた集落遺跡が見つかっています。彼らは無紋土器、磨製石器を使い、貝殻で装飾品をつくって生活しており、特定の人たちは青銅器を用いていたことが明らかになっています。

次のコーナーは「島国、耽羅国」です。半島では高句麗、百済、伽耶、新羅という国家が成立しましたが、済州島では島を意味する「耽」と国を意味する「羅」をつなぎ合わせた耽羅国がつくられました。二世紀の段階には済州島全域で同じ様式の土器が使用され、墳墓も築かれるなど、当時すでに島全体が同じ文化を共有し、強力な支配層が登場していたことがわかります。また耽羅国後期には島としての地理的条件を利用して、半島の百済、新羅、倭、唐などとの交流を行っており、国際的な活動も活発化していきます。

次の「高麗時代の済州」では、九一八年に建国された高麗は耽羅国の存在を認めつつ星主という爵位を与えて、済州島を間接的に支配します。一一〇五年には高麗の行政区画である「郡」に編入され「耽羅郡」となり、国としての地位を失います。さらに一二〇五年には耽羅の代わりに海の向こうの村という「済州」に改名されます。高麗末期にはモンゴル軍の侵入に対抗して三別抄が抵抗を続けます。しかし一二七三年麗蒙連合軍に敗れて抗争は終わり、元朝の耽羅総督府の支配となります。

ハンパドゥリ抗蒙遺跡
の出土遺物

漁撈道具

済州島出土土器

ロビーの展示
済州島のジオラマ

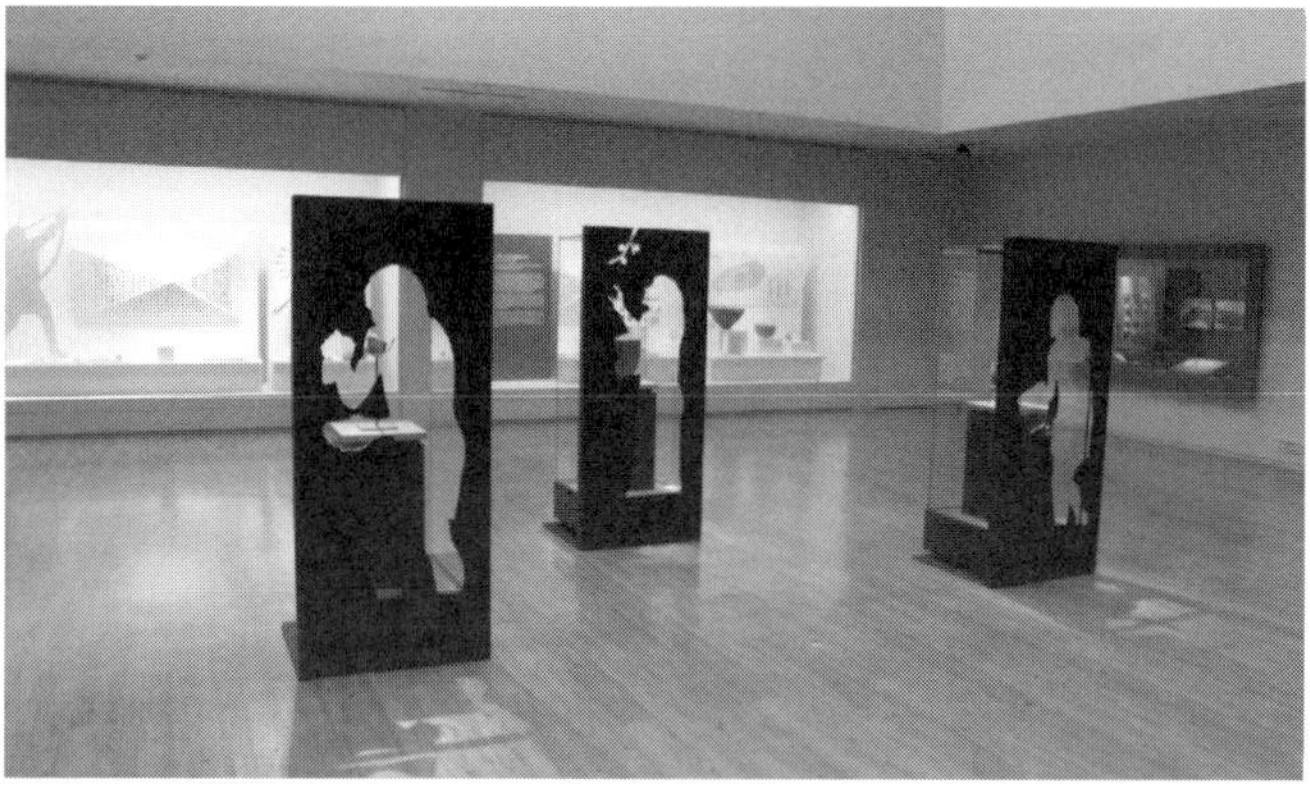

石器時代の済州

石鏃・弓矢など

■三別抄の乱

中国を征服し統一した元は、高麗を実質的な属国として支配しました。このモンゴルの高麗支配に対して一二七〇〜一二七三年に反モンゴルの抵抗運動が起きました。これが三別抄の乱です。別抄とは特別部隊という意味で、高麗の政権が警護のために組織した左右の二別抄と、モンゴル軍の捕虜となりながらも脱出してきた兵を集めて編成した神義軍を合わせて三別抄と呼びました。彼らは高麗政権の軍事力の中核となる者たちで、モンゴルとの戦いでも最前衛として戦いました。一二七〇年高麗王朝がモンゴルとの間で講和に踏み切ると、これに不満な三別抄は、珍島に城を築き、民衆の支持も受けて抵抗をつづけました。モンゴルは高麗政府軍と連合して一年にわたる猛攻により珍島を陥落させます。しかし残党はなおも南の済州島に移動して抵抗をつづけました。三別抄は日本にも救援を要請しましたが、鎌倉幕府は事情を理解できず協力することはありませんでした。ようやくこの乱が鎮圧されたのは一二七三年のことでした。

ちなみにこの年は期せずして最初の元寇の前年でした。三別抄の乱が元の日本侵攻を遅らせたという考えもあります。

「朝鮮時代の済州」では、中央政権がとった中央集権的な王道政治によって地方統治制度も変わりました。島の人々は厳しい風土と度重なる自然災害や、絶え間のない倭寇の侵入によって苦しい生活が強いられました。さらに二〇〇年以上にわたり出陸禁止令（島民が島から出ることを禁じた命令）は済州島の経済文化の発展を阻害しました。一方、この時代には島に赴任してきた官吏、政治的弾圧などによって島に流された学者や政治家、さらに漂着した人々など、外の世界を経験してきた多くの人々によって政治、経済、文化面で大きな影響を与えました。

最後の「済州島の人々」のコーナーでは、済州島のシマの暮らしの過酷さゆえに、人々は海に出て海産

朝鮮時代の墳墓

元堂寺の五層石塔

石　臼

子ども博物館の内部

物をとり、船をつくって周辺との交易に活路を見出していきました。ここでは海女の道具などを展示しています。

子ども博物館（子どもオルレ）

済州の文化に直接に触れ、体験して子供なりに楽しく済州島の民俗について理解を深める空間です。

この博物館は本館展示室とは別の入口から入るようになっています。博物館開館中はいつでもだれでも利用することができますが、子どもと保護者のほかには利用者はいないようでした。

野外展示

済州島各地から見つかった玄武岩でつくり出された日常生活の道具類や、童子石をはじめ墳墓に用いられていたものを集めて野外に展示しています。主なもの挙げると、西帰浦市城邑にあった朝鮮時代の単葬墓、同市中文洞の墳墓は朝鮮時代の一五から一六世紀のものです。また同市吐平洞にあった朝鮮時代一六世紀の墳墓などです。これらの墳墓はいずれも長方形に石を並べたという簡単なものですが、過酷な自然環境を克服して作り上げてきた歴史の痕跡を垣間見ることができます。

最も奥にある元堂寺跡五層石塔は、済州市三陽洞にあった高麗時代のもののレプリカです。

このほか博物館の壁面側には大小の石材の様々な加工品を見ることができます。なかでも碾き臼や餅などをつくツキ臼の形には石工たちの工夫の跡が感じられます。

✿済州三陽洞遺跡地展示館（済州市三陽2洞2125）

済州三陽洞遺跡は、青銅器から初期鉄器時代に海岸の平坦な台地に人々が集まって村をつくって住んだ遺跡で、朝鮮半島の代表的な青銅器時代後期文化を理解できる遺跡です。そして済州地域の集落の研究に重要な資料を提供するものであることが確認され、一九九九年に史跡第四一六号に指定されました。

三陽洞遺跡は一九九六年の土地区画整理事業の工事中に大量の土器とともに発見され、その後一九九九年までの三回にわたる大規模な発掘調査が行われました。内部に楕円形の窪みを作り、その両方に柱の穴を設置した家の跡が発見され、済州地域最大規模の村の遺跡であることが知られるようになりました。

ここには、検出された住居跡をはじめ、土器、貝製品、青銅器、玉製品、中国銭貨などの出土品と当時

済州三陽洞遺跡地展示館

住居跡と柱穴群

支石墓

を推定したジオラマが展示されています。

遺跡展示館・野外展示

展示館と並んで遺跡の覆い屋があります。住居跡や柱穴群などが調査で検出された状態のまま見ることができます。さらに奥には、復元住居跡、掘立柱建物などとともに支石墓などを観察できる復元遺構群があります。訪問時、隣接地では建設機械を用いて発掘調査が行われようとしていました。

✾済州石文化公園《チェジュドルムナコンウォン》・済州石文化博物館《チェジュトルムナパンムルグァン》（済州市朝天邑南朝路２０２３）

済州市の中山間地域に、済州島が火山の溶岩噴出によってできた島であることがよくわかる施設があります。この公園は、済州島の生みの母といわれるソルムンデハルマン（「おばぁさん」のこと）とその息子たち五百将軍の説話をもとに、済州島と切っても切れない石の文化を理解するための博物館施設です。

総面積約一〇〇万㎡という広大な公園は一九九八年に企画され、二〇〇六年に一部オープンしましたが、官民共同の建設作業は続いており、完成は二〇二〇年とのことです。現在も忙しくクレーンなどの建設機械が働いています。

公園内には石文化博物館、五百将軍ギャラリー、五百将軍群像、済州伝統家屋「トルハンマウル」などの施設があります。全部を見て回るには三時間はかかります。

両側に大きな立石がある「伝説の通路」を通り過ぎると、大きく開けた広場があり、その右手に周囲二五〇ｍの大きな池があります。石文化博物館はこの

石文化博物館入口

下にあるので、池が博物館の屋上になるという変わった設計です。公園全体が済州島の自然を感じられるようにつくられているので、周囲の景観と調和するようにこうした設計になったのでしょうか。

道の両側に二〇余りの大小の熔岩石が展示されています。熔岩石の表面はきめ細かく滑らかですが、内部は荒くざらざらしているのが一般的で、展示ではそうした熔岩石の特徴が一目でわかるようになっています。右側の熔岩石は内部の断面がわかるように人工的に見せたものですが、左側のものは原型のままで表示しています。

ところで五百将軍のシンボル像を展示するために白雲哲は一九六六年以来西帰浦法環里海岸で五〇〇個余りの頭像石を収集して以後四〇年余りの間、私設展示館に展示していました。それらすべてが二〇〇九年に済州石文化公園に寄贈され、現在では公園内に展示されています。

展示されている熔岩石の独特な例を説明しておきましょう。

岩石の表面の風化によってできた楕円形や洞窟の入口のような穴「タフォニ」は数センチのものから大きいものでは数メートルに達します。どのように作られるのかは明らかになっていませんが、一般的には海岸に接している節理や亀裂体に沿って始まる風化によるものと考えられています。とくに海風や波によって岩石に浸み込んだ塩分が結晶化され、だんだん大きくなるのだと推定されています。

偶然できた溶岩の不思議は、言葉では言い表せないほどの造形美です。

済州伝統家屋「トルハンマウル」

公園内の一角に設置されている済州の伝統的家屋の展示場です。建物は大小合わせて十数棟あります。いずれも岩石を交えた壁と環状に縄で固定された屋根で、済州地域の特徴をよく示す建物です。内部はほとんと造作がなく、民具の展示が行われる空間となっているものもあります。さらに野外には大きな碾き臼や小型の茶臼や臼が配置されており、島を構成する岩石の多さを物語っています。

タフォニ

さまざまな形の溶岩石が両側に

溶岩のオブジェ

鳥に見える溶岩石

頭像石のコレクション

済州伝統家屋
「トルハンマウル」

五百将軍ギャラリー

ギャラリー入口

五百将軍像

五百将軍ギャラリー

ここに展示されているのは、山柚子形状木と呼ばれる亜熱帯性常緑木で漢拏山の七〇〇m以下に自生分布する山柚子木の枯死木（枯れ木）の根です。山柚子は一般の木が燃えるほどの熱にも燃えず、また水にも浮かばないという特徴を持っています。枯死木の表面にゴマ状のような鱗片がついているのが特徴です。大黒柱、柱、垂木、爪ぐしの材料として使用されてきました数百年の間、岩を押しのけて深い土の中に流れる生命の水を吸っていた山柚子木は、年月を経て堅い樹脂だけが残り、その残骸が神秘的な抽象的な形を形成しています。一九七二年にその固有性と希少性が認められ、済州道記念物第二十五号に指定されました。二〇〇八年、耽羅木石苑では約四〇年間、苑内で公開展示してきたものをすべて済州道に寄贈し、石文化公園内で公開されることになったのです。

以上のような経緯で、山柚子の珍しい自然の作品群を見ることができるようになりました。それらは実に奇抜な形をしており抽象的なオブジェであることに違いないのです。さらに、長い年月をかけて自然が作り上げてきた芸術作品を鑑賞できる喜びに浸りたいと思います。

■ソルムンデハルマンと五百将軍

ソルムンデハルマンとは済州島の生みの母と伝えられる女神。ソルムンデハルマンはスカートで土を運んで漢拏山をつくったのだが、その途中でこぼれた土がオルムになったとされる済州島の創造の神です。彼女の息子たちが五百将軍となったのですが、彼らに食べさせる粥を煮る釜に落ちて死んだという「愛の女神」でもある。

✻済州抗日記念館（済州市朝天邑新北路30）

朝天邑は、一九一九年の三・一独立運動の際、済州の運動の中心となった所であり、そのためここに記念公園と記念館が建てられました。着工は一九六六年三月一日、翌年六月一五日に開館しています。

記念館の案内には「済州地域の抗日独立運動にかかわる歴史資料を転移して、わが清秋の先烈の崇高な犠牲精神と自主独立精神を継承・発展させ、後世に正しい歴史意識と愛国、愛郷精神を培うための教育の場として活用するために建立した」と書かれています。

着工は一九六六年三月一日、翌年六月一五日に開館しています。

展示室のある本館のロビーには、「独立を叫ぶ群像」が置かれ、その周囲に展示室があります。展示は当然のことながら抗日一色ですが、戦時中の憲兵の軍服がきっちりと折りたたまれた状態で置かれていたのは意外でした。ほかに日本刀や日誌類などの展示があります。

抗日運動の展示では、ジオラマで当時の状況が復元されていました。「済州の三大抗日運動」と紹介されています。まず一九一九年三月二一日から二四日にかけての朝天万歳運動です。第一次はミミッ広場で、第二次から四次は群衆を動員することができる朝天市場を利用して展開されました。この運動が後の済州地域の抗日運動の母体となりました。

次は一九一八年一〇月六、七日の法井寺の僧侶を中心にした仙道教徒と地域住民四〇〇名余りが中文駐在所を襲撃、放火、全焼させた事件です。この運動は三・一運動以前では最大規模のものでした。海女抗日運動は海

済州抗日記念館

憲兵の軍服

「独立を叫ぶ群像」

女組合が起こしたものであり、女性集団によるものとしては最大規模のもので、一九三〇年代、二三八回にわたって延べ一万七〇〇〇名が参加した抗日運動でした。また三・一独立運動についても詳細に解説され、その犠牲者の写真も飾られています。

館外には、ひときわ高い丘の上に三・一独立運動祈念塔や愛国先烈追慕塔、彰烈祠などが建てられています。

獄舎のジオラマ

愛国先烈追慕塔

✽恋北亭《ヨンブッチョン》（済州市朝天邑新興里）

李朝朝鮮時代の官港・朝天港を見下ろす朝天鎮城内に位置しています。本来は城外にあった客舎であったと考えられていますが定かではありません。文献資料に見えるのは一五九〇年（宣祖二三）李沃牧使の時代です。その後一五九九年（宣祖三二）に成允文牧使により建物が増改築され、「恋北亭」と改称されました。北とは漢陽にいる王のことであり、配流された人々がここで漢陽からの嬉しい消息を待ちながら王に対する忠誠心を示したことから名付けられたといいます。

吹きさらしのところに建物一棟が建てられているのみで、特別な施設は見当たらず、ただ海風が強く当たるのみです。眼下には今では小舟が係留されていますが、かつては頻繁に船が出入りする港があったのだということは容易に想像されます。政争に敗れて配流になった官人や左遷された人々にとっては唯一かつての栄光をしのぶ場所だったのかもしれません。

✽北村トルハルバン公園（済州市朝天邑北村里９７６）

トルハルバンに特化した公園です。入口入ってすぐの右手にはギャラリー建物があり、地元の芸術家の作品が展示されていましたが、あまり広くはありません。

北村トルハルバン公園

恋北亭

中央部には池が設定されており、さらに自然を残した丘陵部分にトルハルバンの石像が配置されています。それらは形状や大きさには違いがあり、一般的に各所にある例とは少し趣が異なるものもあるようです。

✽世界自然遺産センター（済州市朝天邑善橋路569）

韓国唯一のユネスコ世界自然遺産登録が行われたのが二〇〇七年で、世界に向けて情報発信するためのセンターが設立され、この建物は二〇〇八年に竣工し、開館しました。

城山日出峯のジオラマ

センターは、常設展示室、企画展示室、4D映像室、セミナー室などで構成されています。常設展示室では「済州世界が惚れた美しい島」、「火山が生んだ土地済州」、「ハルラサンの息使い」、「神秘の土地、コムンオルム」、「自然の調和で成り立った芸術、竜岩洞窟」、「済州海洋生態系」、「未来　済州世界遺産」というテーマで展示が行われています。企画展示室では関連行事と連携した多様な展示が行われます。4D映像室では、済州島の説話と冒険話が調和した4D映像を上映。セミナー室では、各種会議、ワークショップ、セミナーなどが開催されます。

世界自然遺産センター

このほか、二〇〇七年に世界自然遺産に登録されたコムンオルムの探訪案内を行っています。コムンオルムは北東側の山の斜面が開いたひづめ型の噴石丘の形をしており、様々な火山地形がよく残っています。大きくくぼんだ噴火口があり、その中に小さく盛り上がっている峯があります。

✤ミニミニランド（済州市朝天邑橋来里山56）

ヨーロッパ、アジア、アフリカ、オセアニア、南北アメリカの六大陸にある世界的な文化遺産やランドマークを一五分の一、または三〇分の一のサイズで再現した韓国で最初のミニチュア・テーマパークです。二〇〇一年にオープンしました。

公園の中は、世界文化遺産の国、幻想の国、童話の国など、それぞれのテーマに従って、ミニチュア模型の世界が展開しています。主なものを紹介すると、自由の女神像、ホワイトハウス、ナイヤガラの滝、ピサの斜塔、エッフェル塔、タワーブリッジ、トレビの泉、スフィンクス、アンコールワット、アンコールトム、仏国寺、ソウル駅など全世界に及んでいます。済州島には同じようなコンセプトの「小人国テーマパーク」があるため、競合して経営不振に陥ったそうですが、現在は再び営業しています。

ミニミニランドの大阪城

ミニミニランド

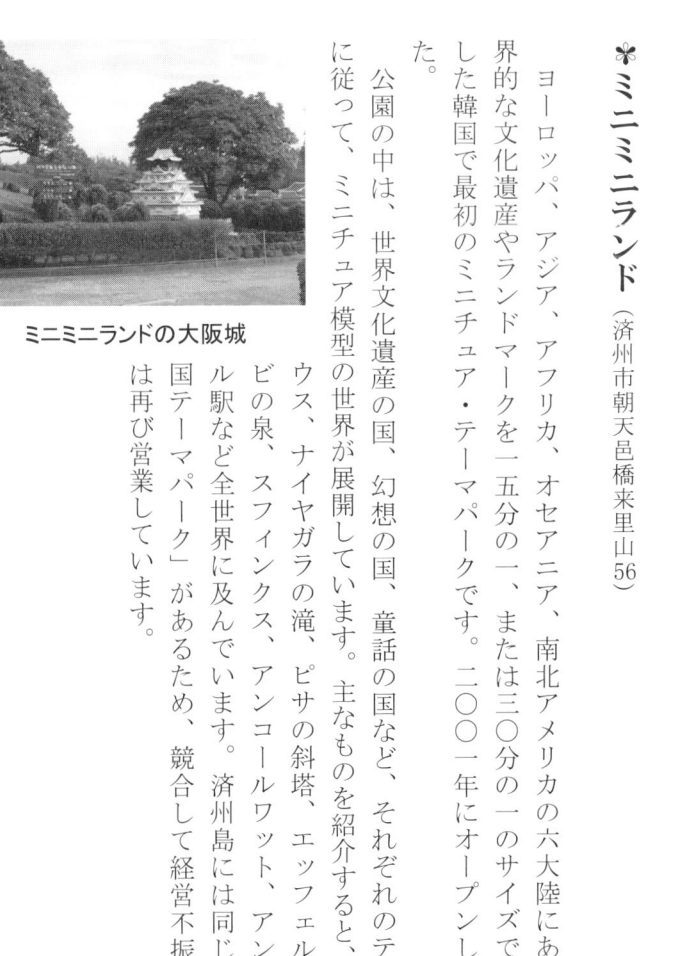

✽仙女と木こりのテーマパーク（済州市朝天邑）
（昔見たことのある景色博物館）

二〇〇八年にオープンした、一九五〇年代から八〇年代の暮らしが実物大で再現された博物館です。「あの頃の時代」「昔見たことがある」という思い出をテーマにした韓国最大の室内常設博物館です。「仙女と木こり」という昔話がモチーフになっています。

「ウサギ追いしかの山、小鮒釣りしかの川」という童謡に歌われた景色は幼い頃の思い出に連なっており、何の穢れもない頃の自分に帰ることができる。そんな博物館なのです。パネル写真などはほとんど使わずに、ジオラマや実物大模型で現実の景色を表している点にとくに面白さがあります。

入口の手前にレールが敷かれていますが、実際に列車が通るわけではなく、イメージ的なものです。古い自動車も廃車のまま何年も捨て置かれている雰囲気を出しています。建物の正面にはハングル文字で「いつか見たことがある」という意味の言葉が書かれています。

入口を入るとジオラマ模型の街が展開されています。なんとなく懐かしくなる光景が広がります。しかしよくよく見るとそれは板門店の景色です。南北朝鮮を隔てる三八度線をから見る南側（韓国側）の風景です。北側（北朝鮮側）は全くありません。

仙女と木こりのテーマパーク

このジオラマの向かい側には、一昔前の韓国の田舎でごく普通に見られた家並みと商店などの光景が冬と春の季節で表現されています。リヤカーの台車部分にメリーゴーランド風の仔馬の乗り物を乗せた田舎回りの移動遊園地のような装置が置かれており、子供たちの明るく甲高い声が聞こえてきそうです。

次はタンスや枡などの木工品が集められているコーナーですが、照明が薄暗く展示内容がよくわからないのが残念でした。

ムラの鍛冶屋の仕事場が見られます。のこぎりや鎌、鍬などが置かれており、高熱で真っ赤になったふいごから鋭くとがった刃先が作り出されています。古ぼけた木製の椅子が並ぶ映画館もあります。路地はだんだんとにぎやかさを増していきます。赤や黄色など派手な布地や衣装が並べられた服屋の店先、陶磁器や金属器の碗や皿が売られている食器店などの店が続きます。

そうこうしているうちに路地は突き当りになります。その先には細い小道が続き、バラックが立ち並んでいます。そこに戦後の貧しい暮らしぶりが見られます。さらに行くと、市場の雑踏の中に踏み込んでいきます。ラジオ店や時計や機械を扱う店、医療用道具を並べた店などごちゃまぜの展開ですが、それもまたこの時代の情景なのでしょう。市場の片隅の居酒屋では来館者が酒に酔って談笑している姿を見かけました。博物館でこのような光景を見るのはきわめて稀なことです。

次は生業のコーナーです。海に筏を出し漁をしているジオラマがあり、活字を拾うところから印刷までの工程の実物大のジオラマが。手間のかかる作業ですが、パソコンが登場するまでは新聞をはじめすべての出版物がこうして作られていました。

さらに進むと、道端でバスを待つ老人と子供の姿があります。バスは満員の客を載せ、車掌が扉から身を乗り出しています。子供の頃に見た風景と一致し、懐かしく感じます。移動遊園地のリヤカーの上で戯れる子供たちが見られます。さらに教科書などが展示ケースで並べられています。教室内では中央のストーブの上に生徒たちが弁当を載せ温めています。机の上に足を投げ出した生徒、机の上に水筒を置く生徒、教師のいうことは聞かずに傍若無人にふるまう生徒たち、これもいつか見たことが、あるいは経験したこ

とある田舎の風景

小さな店が立ち並ぶ市場

雑貨店のジオラマ

老人と子供がバスを待っている

移動遊園地のリヤカー

路地裏の風景

バラックの暮らし

「農業博物館」コーナー

漁師は海に出る

印刷工の仕事場

にぎやかな教室風景

とがある風景でしょう。

次は農業博物館と表示されたコーナーです。通路沿いには農耕の作業具が所狭しと並べられています。土起こしに使う鍬や鋤をはじめ、牛にひかせる犂まで様々です。牛にひかせているジオラマや手起こしでの畑作業などのジオラマ展示が続きます。収穫、脱穀、選別などの作業に使った唐箕や脱穀機など新旧の道具も実物が集められています。最後は収穫祭などの祭礼に伴う民具の展示です。仮面劇や踊りの衣装などがあり、それらを着た風景の再現ジオラマがあります。

このほか織物や毛皮の製作などの生業についても展示されています。ミュージアム・ショップのような並べ方なのですが、よくよく見ると祭礼の様子などのジオラマなどが置かれたれっきとした展示場でした。最後に軍隊時代の思い出と思われるジオラマがあります。徴兵制が敷かれている韓国では一定の年齢に達すると軍隊経験を積まなくてはなりません。その軍隊での規律正しい生活の中で、ふとした気の抜けるような瞬間の光景が表現されています。

いずれにしても決して立派に整った博物館というよりは、何とも表現のしようがない、ごちゃまぜの内容でバラックのような簡単な建物で展示という方が当を得ているような施設ですが、そこにはほのぼのとした暖かさを感じさせる内容のある博物館でした。

■仙女と木こりの伝説

昔、あるところに心優しい木こりが年老いた母とともに住んでいました。ある日、木こりは猟師に追われている鹿を助けました。鹿はお礼に仙女と結婚する方法を教えて立ち去りました。それは仙女が水浴びをしているときに天衣を隠すことでした。やがてその方法で仙女と結婚した木こりは、年老いた母と二人の子供とともに幸せにくらしていました。しかし仙女が天の父母のことを恋しがり毎夜泣くので、木こり

は天衣を仙女に渡してしまいます。まもなく仙女は子供を連れて天に帰ってしまいます

残された木こりは子供たちと別れたつらさから天に向かって嘆き悲しみます。やがて木こりは亡くなります。しかし彼は雄鶏となって天に向かって屋根で鳴くことだけは続けています。

✻キャラパーク（済州市朝天邑善屹里２０１３）

韓国内で人気のあるキャラクターを集めたテーマパークです。入口ではキングコングがバスを押さえつけ、乗用車も押しつぶそうとしています。入口を入ると等身大のロボットのフィギュア、モナリザの顔が見えます。額を見る方向によってはモナリザではなく漫画のキャラクターに変わるというトリック絵です。

さらに歩くとテデイベアーに似たぬいぐるみが置かれています。漫画のキャラクターも描かれていますが、あまりなじみのない顔ぶればかりです。途中にある胎内くぐりという滑り台は、最終的にうんちとなって出されるというまことに洒落にならない装置もあります。またゲームセンターではないかと思うほどゲーム機ばかりが置かれた部屋もあり、あまりキャラクターとは関係のない部分が多いようです。

最後に日本語で「別れと再会できるように頑張ります」という謎の呼びかけがあります。おそらく誤訳だとは思いますが最後までわけのわからない展示に付き合わされてきたような気がします。

キャラパーク

✿済州ラブランド（済州市蓮洞）

二〇〇四年に韓国初の性テーマ彫刻公園がオープンしました。約四万㎡の土地に野外彫刻作品が一〇〇点余り、室内美術館に四〇点以上の作品が展示されています。その他、触覚体験作品もあります。実際に自分で動かすと一風変わった楽しさを味わえます。下品ではない芸術の空間として、性を美しく解放させた場所といえるのでしょう。

朝早く見学に行ったため来館者はほとんどいませんでしたが、夕方からは夜間照明も入り若いカップルでにぎわうそうです。

✿道立美術館（済州市蓮洞６８０）

二〇〇九年に開館した、地下一階、地上二階建ての近代的な建物です。済州で活動している芸術家達の創作および展示空間です。美術館周辺には野外カフェや広場、散策路などがあります。また前庭部分には、いくつかの彫刻抽象的な作品が野外展示されています。

済州ラブランド

道立美術館

✽テディベアー・サファリ博物館（済州市涯月邑平和路２１５９）

テディベアーとサファリの動物の人形を触ったり、写真を撮ったりできる体験型の博物館があります。

一階に、迷彩色に塗られたサファリ風のジープが置かれています。ボンネットにクロヒョウとヒョウが乗り、座席には親子のテディベアーが座り、ライオンも二頭います。また、象、キリン、水牛、シマウマなどアフリカに住む動物のぬいぐるみがたくさん集められています。おなかの袋に子どもを入れたカンガルーが二頭、大小のパンダもいます。「氷河の世界」では、マンモスやペンギン、シロクマの親子などが置かれ、マンモスの上には小さなテディベアーが乗っています。

サファリ風のジープ

テディベアー・サファリ博物館

二階のバンドゾーンではテディがバンド演奏を行い、ファミリーゾーンには子供部屋も再現されており、親子連れには人気のようです。フラミンゴなど水鳥のいる池のゾーン、アクアゾーンなどがあり、ここでは多くのテディベアーに会うことができます。かなり昔につくられたテディも見ることができます。

最後に、名画をパロディ化したアートコーナーがあります。「ヴィーナスの誕生」では、ヴィーナスも周囲の女神もすべてテディベアーです。一種異様な雰囲気が伝わってきます。

なお、済州島には南部の西帰浦市にもうひとつテディベアー博物館があります。この館とはコンセプトがかなり違いますが、本書でも取り上げていますので読み比べてください。

＊缸坡頭里抗蒙遺跡地・缸坡頭里内展示館（済州市涯月邑缸坡頭里路50）

モンゴルの侵入時、祖国を守ろうと決起した三別抄（高麗の高宗時代に崔忠献が創始した夜別抄の部隊〔左別抄・右別抄〕および神義軍の総称）が最後まで抗戦したところです。現在は、新しく建てられた門と、展示館と朴正煕大統領の筆になる記念碑、周囲をめぐる土城が部分的に残っています。

バンドゾーン

ファミリーゾーン

「ヴィーナスの誕生」のパロディ

缸坡頭里内展示館

出土した瓦などの展示

抗蒙殉義碑

三別抄は高麗軍の精鋭部隊として一二七〇（高麗元宗一一）二月、高麗朝廷がモンゴル軍と講和を結ぶと、すぐにこれに反対し最後まで反蒙抗争を継続しました。しかし全羅道珍島で敗れるとすぐにここ済州島に渡ってきて、プルグンオルムに二重土城を築きました。これが現在の缸坡頭里《ハンパドゥリ》の城です。全長六㎞にわたる要塞でした。しかし一二七三年四月に缸坡頭里は陥落し、三別抄は玉砕の道を選びました。三別抄の流した血が土を赤く染めたことから「プルグン（赤い）オルム」と呼ばれるようになったとも伝えられています。

現在、門から石碑までの通路の右手には発掘調査で見つかった建物跡の礎石群や石敷き痕跡がそのままの状態で残されています。また現在は山林となっているところに瓦窯跡などの遺跡が残されています。

展示館中央の大きなガラスケースには、出土した木材や瓦、高麗陶磁の破片が見られます。とくに高麗陶磁は当時の高価な貴重品であり、その破片が多く見つかるということはこれらがここに持ち出されていたことを物語る証拠でもあり、興味ある遺物です。また周囲の壁面には元との抗争を描いた絵画と解説文が見られます。さらに遺跡の土層の堆積状況がよくわかる土層剥ぎ取りパネルの展示も見られます。

＊済州四・三平和記念館（済州市奉蓋洞）

済州四・三事件とは、韓国の法律では「一九四七年三月一日を基点とし一九四八年四月三日に発生した騒擾事態および一九五四年九月二一日まで済州島で発生した武力衝突とその鎮圧過程で住民が犠牲になった事件」と定義されています。

一九四五年解放以後、韓国はアメリカの軍政下に置かれますが、当局の政策失敗と社会問題により民心が不安定な状態になっていきます。そんな中、一九四七年三月一日に済州島で行われた独立運動記念式典後のデモの際、警察の発砲により住民六名が死亡する事件が起きました。島内では抗議運動が活発になりますが、テロや大量検挙、拷問といった弾圧が強化されました。

そして一九四八年四月三日、南朝鮮労働党が武装蜂起します。漢拏山を中心にゲリラ活動も展開されますが、大韓民国政府は一月一七日、済州道全域に戒厳令を布告し、強硬な鎮圧を展開します。この過程で多くの島民が殺戮されたのです。

済州四・三平和記念館

一九五〇年に朝鮮戦争が勃発すると、予備検束者と内陸地方の刑務所服役者などがまた犠牲者となり、結局、一九五四年に漢拏山への禁足が解除されるまで七年七か月もこうした事態が続きました。犠牲者は二万五〇〇〇人から三万人と言われています。韓国現代史の中では朝鮮戦争に次ぐ悲劇的な事件です。

この事件を平和と人権の教育の場とするため済州四・三平和公園の造成事業が行われ、二〇〇八年三月にオープンします。記念館はその中心施設です。

展示内容を見てみましょう。「プロローグ」の洞窟をモチーフにした長いトンネルは四・三の歴史を振り返る第一関門ともいえます。第二展示室「解放と挫折」では、戦争、解放、自治、米軍政、三・一発砲事件、弾圧の順序で展示が行われています。第三展示室は「武装蜂起と分断拒否」がテーマです。一九四八年四月三日未明に起きた武装蜂起と五・一〇単選反対事件を中心に当時の歴史的状況が理解できます。第四展示室「焦土化と虐殺」では、焦土化作戦と民間人大虐殺、その後の朝鮮戦争の間、刑務所に服役中の者たちの虐殺までの内容を扱っています。第五展示室は「後遺症と真相解明運動」がテーマです。復旧と定着、後遺症、真相解明運動による四・三事件の傷や悼みの回復過程を見せてくれます。

最後の「エピローグ」は四・三事件の記憶を通じて、平和と人権の大切さを考えさせる場です。出口には訪問者の感想文が掲げられています。誰でも気軽に書けるようになっていました。

島内各所に銃器が配置されていた

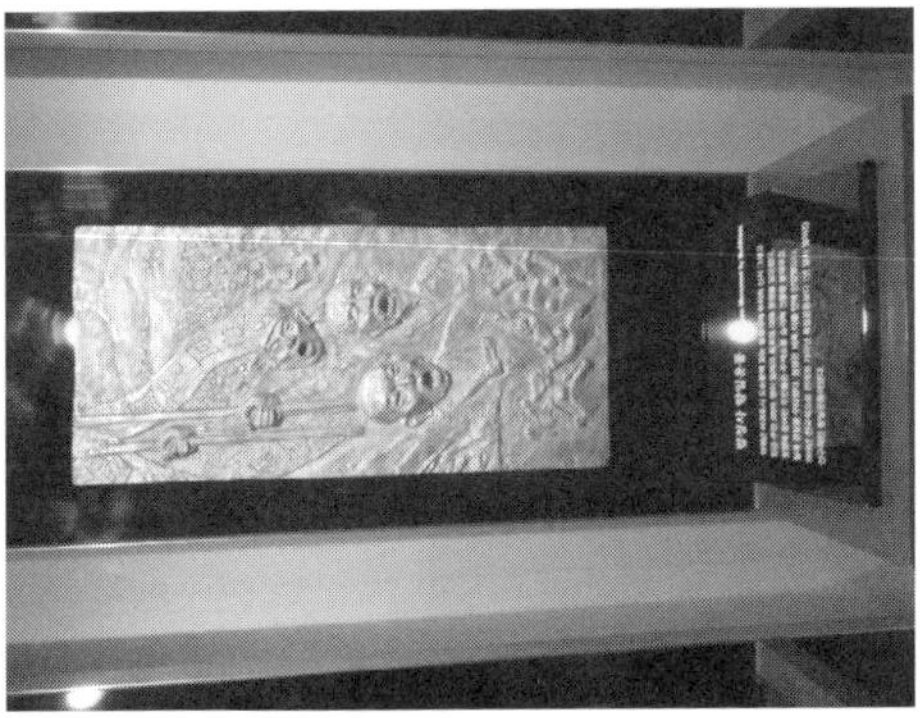

4・3事件のレリーフ

入口すぐの展示室

✾新再生エネルギー広報館（済州市旧左邑杏源里21）

海岸沿い道路に面した施設で、済州道による「新再生エネルギーおよびエネルギー保存装置基盤電気自動車充電インフラ実証事業」も推進するための広報活動を担っています。太陽光施設、エネルギー保存装置施設、急速充電機一〇機、体験空間が用意されています。ロビーにはエネルギーに関するイメージ展示があります。館の周囲には風車による発電装置と太陽光発電のパネルが設備されています。

✾メイズランド・迷路博物館（済州市旧左邑坪垈里3322）

雄大な自然を利用した迷路を中心とするテーマパークです。女性の迷路、風の迷路、石迷路と名付けられた大型迷路と迷路博物館で構成されています。

「女性の迷路」は、海に潜った後に戻ってくる海女の姿です。済州の玄武岩に囲まれた迷路の垣根は、一三七六本の山茶花と一五四六本のレイランディで、高さ一・五m、長さは一三二一m、最短の距離は四二三mです。「風の迷路」は、台風の形をした典型的なクレタ型の迷路で、玄武岩で囲まれた迷路の垣根は二七〇九本、フィトンチッドが大量に含まれたニオイヒバで、高さ一・五メートル、長さ一四五一mです。「石の迷路」は、外形がトルハルバンの形をしており、済州オルレのような形態の迷路で、高さ一・八m、長さは二二六一mです。

メイズランド

新再生エネルギー広報館

メイズランドを囲んだ温かい森道、エジアンはエジとイワンセという二つの言葉を繋げた形を意味しています。純粋な国語イワンの合成語で自然と人、人と人を結ぶ媒体を意味します。エジアンをもとに造成されたヒノキ、スダシイの木など多様な樹種に接しながら森林浴を楽しむことができ、森道の間に造られた休憩所と広い野原は訪問者の余暇を癒してくれるでしょう。

メイズランドの入口付近に二階建ての迷路博物館があり、建物自体も迷路のような雰囲気を持っています。展示物は世界各地で見られるパズルで、キュービックパズルのようなものから日本のすごろくゲーム、ジグソーパズルのようなものまで多種多様なものが展示されています。ジグソーパズルでは数千ピースを組み合わせるものや、複雑な木組みの組み合わせなど多様なものがあります。

迷路博物館入口

複雑な木組みのパズル

いろいろなキュービックパズル

✻ハヌルランド・鉱物化石博物館・凧博物館（済州市旧左邑徳泉里７６６）

ハヌルランドは、宿泊施設とレストランなどとともに凧博物館、宝石・鉱物・化石博物館などを開設しています。

チケットを購入してすぐ前方の鉱物・化石博物館建物に入ります。化石の専門博物館らしい展示内容で、ガラスケース内には、古生代から中生代、新世代に到る各時期の動物化石や植物化石が並べられています。

次に鍾乳石のコーナーに入ります。鍾乳洞の中で天井から滴り落ちる浸透水の内部に含まれている石灰質のものが堆積してタケノコ状となる石筍があります。気の遠くなるような年月を経て形成される石筍を切り取って並べています。どこの鍾乳洞のものか表示されておらず、貴重な自然遺産がこのように一堂に並べられているのを見ると複雑な気持ちになります。

ハヌルランド入口

鉱物・化石博物館の展示

凧博物館

エメラルドやダイヤモンドなどの宝石・貴石展示コーナーではエメラルドの原石の素晴らしい光沢が印象的でした。

日本では正月に凧揚げができるところが少なくなりましたが、世界中には一体どれほどの凧揚げが行われているのか。凧博物館では中国、韓国、日本をはじめ世界各地で行われている凧揚げの実物を集めて展示しています。とくに中国の凧は独特で、昆虫の形をしたものや鳥の形をしたものなど多彩です。また恐竜やクジラの形や人形の形をした大きなものもありますが、中にはこれはアドバルーンではないのかと思うようなものも含まれています。特別展示室で見ることができます。

✽済州海女博物館《チェジュヘニョパンムルグァン》・子供海女館（済州市旧左邑上道里３２０４）

済州島の東部海岸に済州島の海女《あま》文化を伝える博物館があります。済州島を管轄する済州特別自治道が運営する公立博物館です。二棟の建物で構成され、全面ガラス張りの四階建ての建物の一階は高床となっており、ロビーは隣の三階建ての建物の一階にあります。

入口を入ると正面に、陸に上がって一息ついた海女を表現した針金細工のモニュメントと天井からつりさげられた実物大のジオラマがあり、大きな窓越しに海女の仕事場である広大な海が一望できます。

受付右手の映像展示室では、韓国語のみならず中国語、英語、日本語のナレーションで済州島の海女の歴史と現状が解説されています。

展示室では、伝統的な住宅の暮らしが原寸大のジオラマで再現されています。

海女の一般的な家は、自然で手に入る土、木、わらなどを使って建てられました。強い風に耐えられるように藁葺屋根を縄で強く引っ張り、壁も石を積んで積み上げ、垣も石を積み上げて頑丈に造られました。内部は、サンバン（上房、床）、ジョンジ（台所）、ゴバン（倉）、クルムク（済州の暖房

済州海女博物館

プルトクの風景

海女の家

海女の食事

海女の像

海女小屋

ロビーの展示

子ども海女館

子ども海女館

施設）などからなり、外には庭、トンジ（済州の伝統的なトイレ）、ウョン（小さな畑）などがあります。また石垣の塀で囲まれた内部にはキムチを漬け込む甕、オンギが並べられています。

小型のガラスケースには、アワビ、ヒジキ、トコブシなど海女たちが採取してきた魚介を材料に作られた様々なおいしそうな料理を鉢や皿に盛り付けたものが並んでいます。済州の食文化の一端がわかる展示です。

また、海女の集落と海の関係を示すジオラマが置かれています。石を積み上げた堤防で囲まれた小さな港には筏が係留され、石垣で囲まれた海女たちの家が立ち並んでいます。

海女たちの生活で使われている道具も紹介されています。「籠とざる」と表示されたケースにある植物を編んだ籠は赤ん坊を寝かすためのものだったようです。下着や上着、磯着などはどれも質素なものばかりです。また食卓に並べられた陶磁器の皿や鉢もごくありきたりの染付文様のものばかりです。

祭りや祭祀に用いるドラや太鼓などの楽器や御幣なども展示され、祭祀儀礼を行っている様子のジオラマもあります。これらの道具がどのように使われたのかも丁寧に解説されています。

二階展示室へ向かいます。ここには「ブルトク」と呼ばれる焚火場が実物大のジオラマで再現されています。周囲を岩で囲んだ簡単なものですが、海からあがった海女が暖をとるための大切な場所でもあったのです。

解説パネルによると、済州海女とは、海を頼りにアワビ、サザエ、ナマコ、テングサ、ひじきなどを採取しながら生計を立てている女性のことで、済州では海女のことを「チョムス、潜女、潜嫂」と呼び、海女たちの行う漁法を「ムルジル」と呼びます。海女は済州の歴史になくてはならない存在といえます。

海女が身につけている水着や水中眼鏡、手持ちのかぎ状の道具、浮き、採取した獲物を入れる網なども展示されています。

水中眼鏡「ヌン」は一九世紀末から二〇世紀の初めから使われたと推定されています。初期のメガネは小型玉が二つに分けられた「サンヌン」と呼ばれるものでした。一九六〇年代からは玉が一つとなった「ウェヌン」が使われるようになりました。ウェヌンの枠の材料は黄銅でしたが、一九七〇年代にゴムの潜水服が採用されるようになるとゴムで造られた「ゴムヌン」が一般的となりました。

最後の展示は「海女の歴史」です。ここでは日本統治時代の状況が説明されています。生と死の境を生きた海女たちの人生は過酷そのものであったといえるでしょう。海女たちは済州にとどまらず海外にも出かけています。むろん日本の漁場にも彼女らの活躍する姿がありました。

済州海女たちは昔からムルジルで得た利益で基金をつくり、村の道路の整備や学校の修理などに役立ててきました。一九五〇年の火災で学校の教室がすべて焼失した城山邑の海女たちは、村の海の一区域をハツキョウバダンとして、ワカメ採取の収益金を学校建設資金に提供し、一九五一年から一九五八年にかけて学校を再建しました。

隣接する第三展示室に移動します。ここには、海に浮かぶ筏と潜水して獲物をとる海女の姿のジオラマがあります。

海女たちは、ワカメ、トコブシ、貝類、アワビ、サザエなど様々なものを採りますが、一九二四年から二〇〇九年の間に済州の海は海水温が平均一・五度上昇しており、海藻類も減ってきているようです。

海女たちが休息をとる海女小屋の復元ジオラマもここりあります。

再びロビーに戻りました。館の左手奥に子供海女館があります。かわいいイラストの子供海女が描かれた壁面を少し行くと、子供のための遊具や絵本などが備えられた部屋に到ります。

ここには小型のトランポリンや滑り台、釣りのゲームなどが設置されており、親子連れが楽しそうに遊具で遊びに興じていました。韓国内の博物館では子供専用の博物館の施設が備わっていることが多くみられます。しかし済州島ではここと国立済州博物館のみのようです。

済州島西部地域

✿翰林公園《ハルリムコンウォン》（済州市翰林邑挾才里2487）

済州島の北西部にある翰林公園は、見どころが多い観光名所です。
もともと不毛な荒廃地でしたが、島の議員だった宋奉奎という人が購入し、一九七一年に開拓の鍬を入れました。以来、広大なこの地に約二〇〇〇トンもの土砂を入れ、椰子樹や鑑賞樹の種をまき栽培していきました。大きく育った椰子樹は今では公園内の名所になっています。ちなみに、ここに植えられたのはワシントンヤシと呼ばれるもので、アメリカ南西部からメキシコ北西部が原産で、世界各地の温暖地域で栽培され、枝の先から放射状に葉がひろがり、白い繊維の房が垂れ下がるという特徴を持っています。成長すると二五mほどになるようです。

一九八一年には双竜洞窟を発掘し、内部に照明を設置し、一九八三年にようやく椰子樹道とともに公開にこぎつけました。一九八六年には亜熱帯植物園、一九八七年には財岩民俗村、一九九六年には財岩水石館などを次々とオープンさせ、二〇〇七年にはサファリ鳥類園を拡張し今日に至っています。

この公園は、司馬遼太郎の『街道をゆく』シリーズの「耽羅紀行」で

翰林公園

も紹介されています。その一部を引用してみます。

「洞窟とその周りを一個人で公園化した人がいると聞いて会ってみたくなったのである。むろん、その人が露骨に金儲けを目的としているなら会いたくないが、かれにとっては、純粋な好奇心と仕事欲が動機となっているという風に聞いた。……（中略）当時はまだ電気がなく、したがって水道・電話もなかった。砂地を好むニンニクを栽培した。蘇鉄などの観賞用の植物もうえた。そういうものをふやしては売って金を貯めた。やがて日本から温室を買ってきて亜熱帯植物も栽培した。そのようにしているうちに、電力がここまできた。かれが公園をつくろうと思いたったのは十五年ほど前で、そのための土地九万坪を買った。無価値にちかい土地だったから一坪二百ウオンでしかなかった。……（中略）ともすれば俗で卑しくなるこの種の公園がそういう印象をすこしもあたえていないのは宋奉奎氏その人を見つめているだけでわかる。この人は金儲けでやっているのではなく、透明なほど好きでやっているからである。さらにはかれの知性によるといわねばならない」

また、入口の左手にある開拓館ではこの公園を訪れた各国要人の写真とサインが展示されています。

財岩民俗村

公園中央部に済州島の伝統的な家屋を復元して集めた民俗村があります。復元された農家の内部には当時使用されていた農具や民具などの民俗文化財が展示されています。

サファリ鳥類園

小規模ですが、済州島内では数少ない動物飼育が見学できる動物園類似施設です。木で造られた簡単な囲いの中でダチョウ、クジャク、インコなどが飼育されています。クジャクはゲージから脱出したものがいたり、大きく羽を広げていたりします。中央のゲージの色彩豊かなインコには餌を買って与えることもできます。

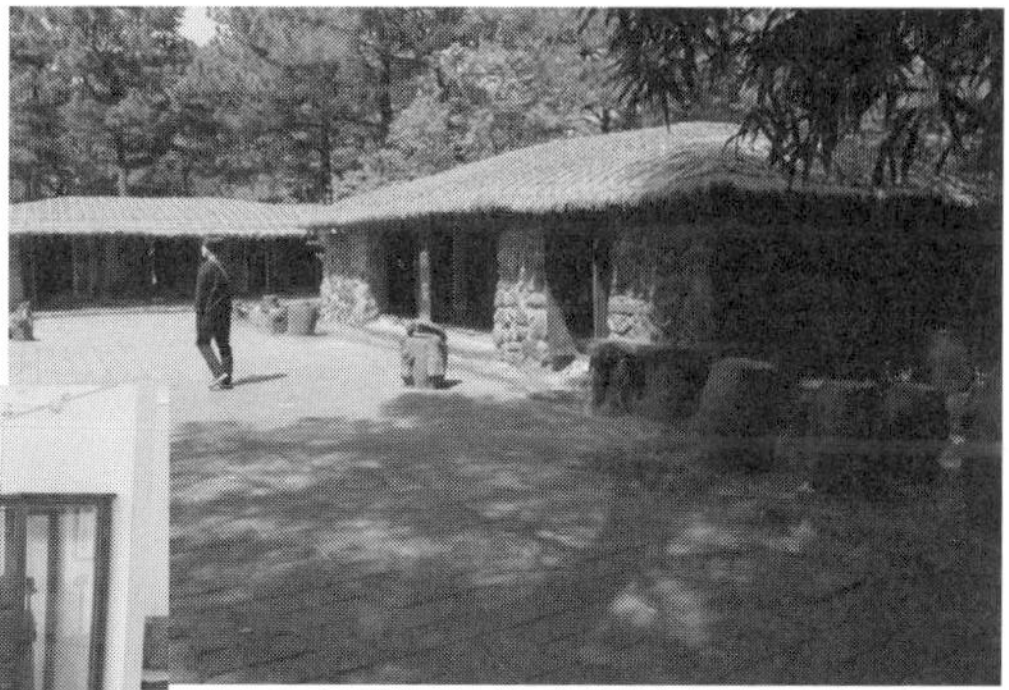

財岩民俗村の建物

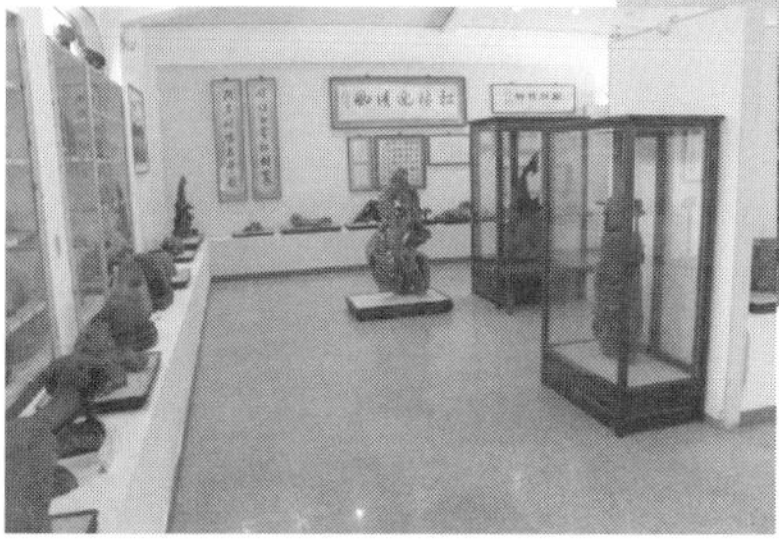

財岩水石館の展示

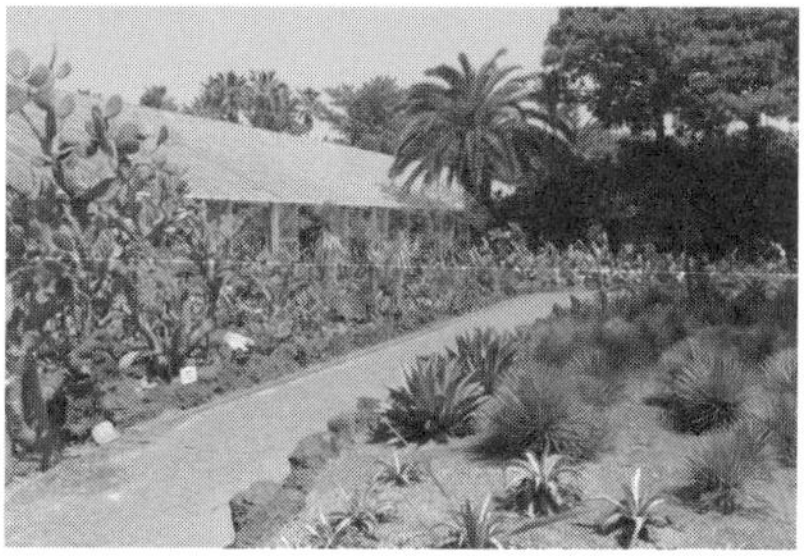

亜熱帯植物園

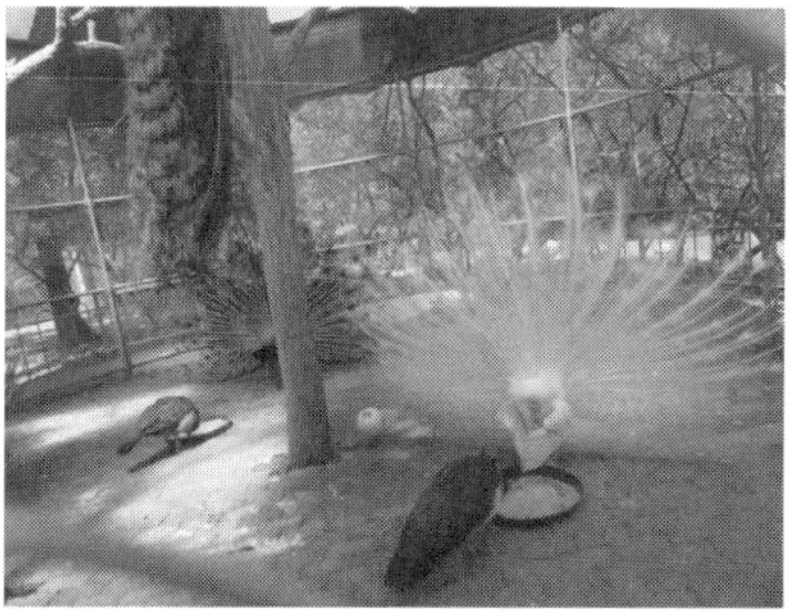

羽を広げたクジャク

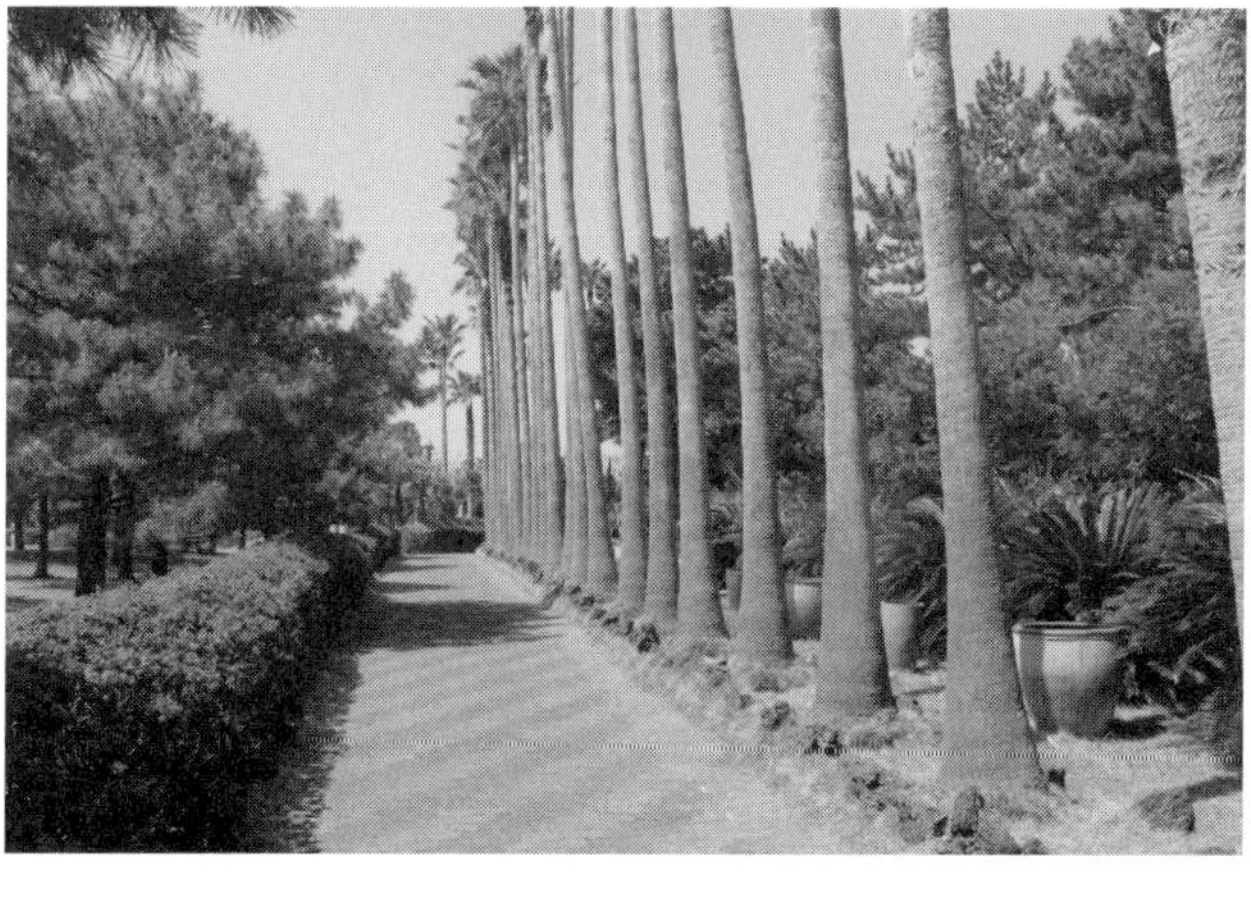

椰子の樹

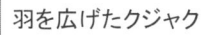

財岩水石館

済州島では火山噴火による火山弾や玄武岩のような溶岩石など珍しい形の岩がたくさん見られます。この施設では、済州島独特の水石、サンゴなどをはじめ国内外の多様な水石が集められ展示されています。

亜熱帯植物園

公園入口近くにある亜熱帯植物園には、長く曲線を描く園路に沿って約二〇〇〇種の植物が植えられています。とくにサボテン園、龍舌蘭園、熱帯果樹園などは見どころが多く、立ち止まって記念撮影をする家族連れも多く見られます。リュウゼツランはメキシコ原産で、ロゼットの直径は二ｍもあり、多肉質で先端と葉縁には鋭い棘があります。三〇年以上経つと開花し、その後、株は枯死します。花は黄緑色で長さ九㎝程度だそうです。また、ガラス温室の中ではさまざまな種類のサボテンが植樹され、ヘルマンリクガメやマダラアオジタトカゲの飼育も見られます。

双龍窟・挟才窟

双龍窟は公園内の最も奥にあります。漢拏山の溶岩流が冷えていくときに空洞が生じ、しばしば長大な熔岩洞窟のトンネルを形成することがあります。その一つがこの双龍窟です。長さ約四〇〇ｍ、幅六ｍ、高さ約三ｍで、まるで二匹の龍が窟の中から抜け出してきたかのような形をしていることから名づけられました。二五〇万年前に漢拏山一帯の火山爆発によって挟才窟と同じ頃に生成されました。本来この二つの洞窟は一つのものでしたが内部陥没によって区切られたものと考えられており、二つとも天然記念物に指定されています。

盆栽温室

公園の最も奥に大型の温室があります。中には段状に造られた棚の上に手入れの行き届いた盆栽が置かれていました。普通の植木の手入れと異なり、大きくならないように配慮しつつも、基礎となるものは太らせていくという工夫が必要なものばかりです。残念ながら若い人には人気がないようです。

チューリップ畑

ちょうどチューリップが満開という時期に訪問しました。白、赤、黄色というカラフルな花が今を盛りに咲き誇っていました。記念写真を撮る人、ただただ眺める人など様々ですが、みんな満足顔でした。

✿ギリシャ神話博物館（済州市翰林邑クアンサン路９４２）

平屋建ての白亜の建物三棟がかぎ型に配置されています。チケットブースから展示館までの道の両側には白色のケンタウルス像が並び、さらに展示館建物前方には背の高さの異なるケンタウルス像が四体置かれています。

入口を入ると「オリンポスギャラリー」です。神殿風の建物の中に石膏で造られたかのような神像が列をなして置かれています。次の建物は「神託ギャラリー」です。星座ごとに分かれたパネル展示があります。女神ムーサイ、青銅製のヘラクレスのベイビーが蛇を捕らえている像が置かれています。

次は「ヒーローギャラリー」です。ここにはトロイの木馬が展示されており、トロイ戦争の英雄たちの姿が見られます。またここにはウィーンの自然史博物館の階段踊り場に置かれているミノタウロスを殺すテセウスのコピー像が展示されています。

ギリシャ神話博物館

オリンポスギャラリー

トロイの木馬

神託（星座）ギャラリー

愛の泉

次は「ヒューマンギャラリー」です。ここには「愛のギャラリー」があり、フロア中央には泉のジオラマがあり、ローマのトレビの泉のようにコインが投げ込まれています。木陰で愛を語る二人の像がいくつか見えます。

最後のコーナーは「ギリシャの村のギャラリー」です。ここにはギリシャ時代の薬品の歴史やコイン、さらには学校やギリシャ土器など暮らしと関連する内容をレプリカとパネルで展示されています。

■トロイの木馬
トロイ戦争が膠着状態となる中、ギリシャ側が仕掛けたのが、大きな木馬内に兵士を隠れさせ、それをトロイの城の前に置くことだった。トロイ軍がギリシャ軍を見たら、大きな木馬以外は誰もいなくなっていた。てっきりギリシャ軍は退却したと思い込んだトロイ軍は、戦利品としてこの巨大木馬を城砦の中に運びこんで盛大なパーティーを催した。ところがトロイ軍の兵士たちが寝静まった頃に木馬の中に潜んでいたギリシャ軍が飛び出し、ついにトロイを陥れることに成功した。

✻トリックアイ3D美術館（済州市翰林邑クアンサン路942）

ギリシャ神話博物館の奥にある少し古びたような建物がこの博物館です。

まずは額縁の中から飛び出したように見える少年の絵画から始まります。

次にパリのアメリカ人を描いた名作では、傘を差した男女が額から出てきて、さらに道路も額縁の中から外にはみ出しており、赤い傘も外に半分以上

トリックアイ・ミュージアム

パリのアメリカ人

ナポレオンの戴冠式

出ているように見えるのですが、よく見ると同じ場面に描かれているトリック画なのです。

ダビンチの描くモナリザが柔道着を着て額の外へ足を蹴りだしており、額縁の破片が飛び散っています。また、ワインの瓶を片手に持ち額縁の外のグラスに注いでいる人物もいれば、馬車が突然壁を突き破って飛び出してきた瞬間を描いた作品もあります。

ワニが画面から飛び出して口を大きく開いている場面、天井と床が逆さになった部屋は家具も逆さです。これらは立体的ではなく平面的な画面に描かれているトリック画なのです。

最初はトリック画に感心したりなるほどと納得していましたが、これだけたくさん見ていると飽きてきます。この種の絵画はほどほどがいいようです。

✿金陵石物園《クムヌンソクムルウォン》（済州市翰林邑金陵里）

金陵石物園は、済州島で六〇年以上にわたってトルハルバンを作ってきた石匠故チャン・ゴンイクの作品を集めて展示した野外彫刻公園です。

ここには大小様々な大きさのトルハルバンはもちろんのこと、仏像をはじめ

金陵石物園

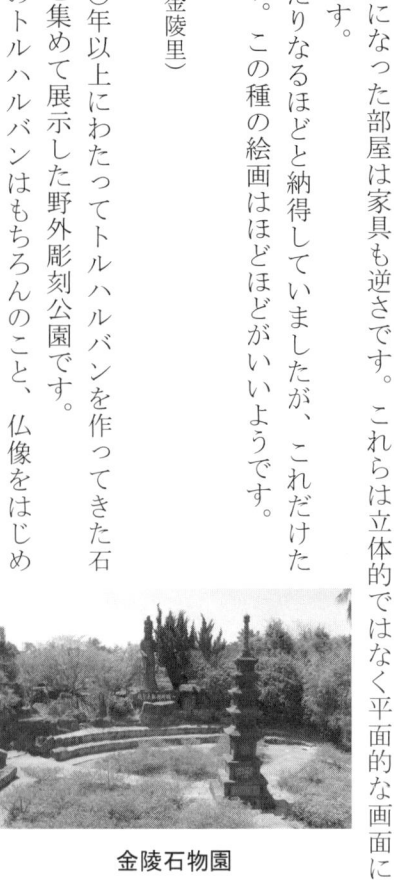

海女の像や童子の像など済州島の民俗を象徴するような作品が目白押しです。歩いていると、地山の岩盤が露呈する状態の所が多いことに気づきます。このような環境のためか、岩肌の露呈状態をそのままにしてそこに彫刻していくという手法もとった作品群も多くみられます。

隣りの玄武岩の岩盤が露頭する部分からは彫刻の材料となる岩を採取している状況も観察できます。

✿済州平和博物館（済州市翰京面チョンス西5キル63）

太平洋戦争末期の一九四五年、日本軍は済州島を日本本土死守の最後の防衛戦とするための軍事作戦を展開しました。各地から集めた精鋭七万五千人もの兵を済州島に送り込み、たくさんの洞窟基地を建設しました。カマオルムと呼ばれる洞窟基地は二㎞にも及び、内部は三層構造の巨大なものです。現在はそのうち三〇〇mが公開され博物館になっています。洞窟基地には三つの入口が設けられ、トーチカは厚い鉄筋コンクリートやセメントで堅固に造られ、外部の様子を見る銃眼が備えられていました。展示室では、兵隊のヘルメットや軍服、手榴弾や銃剣・銃砲などのほか、飯盒や水筒などの装備品、測量機械や電信機械を見ることができます。また、洞窟基地の小さなジオラマや済州島にあった日本軍の施設の場所を示す地図も見ることができます。

この博物館は、基地建設のため徴用された島民の子、李英根《イ・ヨングン》さんが私費で建設したもので、済州島民のつらく厳しい歴史と平和のありがたさをかみしめてほしいという願いが込められています。二〇〇六年には韓国の登録文化財に指定されています。本館のほかに映像資料を収めた映像館もあります。

済州平和博物館

日本軍の車両など

日本軍の装備品

カマオルムのジオラマ

測量機械

放置された上陸用舟艇

映像館

✿方林園《パンニムウォン》（世界野生花博物館）（済州市翰京面楮旨里２１２０）

二〇〇五年にオープンした韓国初の野生植物専門の博物館です。その名前の由来は園長の方漢淑とその夫人である林都秀の苗字からつけられたものだと説明されています。韓国内外の野生植物約三〇〇〇種類を見ることができます。

室内展示館はガラス張りの温室で、道端に生えている草花が集められているのかと思っていたのですが、そうではなく鉢に植えられた小さな草花が咲き誇っており、不思議な印象を与えるものばかりです。温室栽培のため一年中鑑賞することができるようです。野外展示では、美しい自然の花々の間に銅板で造られた河童と石造のカエルの大群が待ち構えているところがあり、癒しと笑いの世界にいざなってくれます。

野外展示の中でとくに目を引くのは方林窟という全長約二〇メートルの洞窟です。済州島特有の玄武岩で作られており、壁面を利用して様々な植物が植えられています。

また、動物園と呼ぶのもどうかと思いますが、クジャクの檻があり、白い羽のクジャクと色彩豊かなクジャクが飼育されていました。残念ながら羽を広げた姿は見ることはできませんでした。

このほか、見事な盆栽が並べられていたり、訪問時は美しい桜を鑑賞することができました。

方林園入口

河童の人形

✽済州現代美術館（済州市翰京面楮旨14ギル35）

済州現代美術館は野外彫刻公園が和やかな雰囲気を与えています。子供でも楽しめる野外彫刻公園が見られます。子供彫刻公園にはバラの顔をした恐竜、体が二つの馬など、おとぎばなしの中に出てくるような動物の彫刻が展示されています。

✽ガラスの城（済州市翰京面楮旨里３１３５）

「Glss Castle」と表記された入口の左手にはゲートと同じ高さのワイングラスがあります。ゲートを入ると、ガラス細工の幻想的な世界が広がっています。ここは三〇〇点以上のガラス工芸品を見ることができる展示施設です。

木々の間に風船のようにつけられたグラスボール、岩肌から昆布のようにニョキニョキと伸びるガラス細工があります。「グラスワールドワイド」と書かれた世界地図には主なガラス産地が示され、ガラス加工技術の説明もあります。それによると、吹きガラス、砂吹付、ステンドグラスなどの手法で作品が作られるようです。

本館に入ります。中央にはガラスでできたジャックと豆の木の塔が天井まで伸び、奥の壁側にはガラスの滝と滝を登る鯉が表現されています。実際に

ガラスの城

済州現代美術館

太　鼓

ガラスの靴

鏡子湖

トルハルバンのガラス像

ガラスのピラミッド

ガラスの瞻星台（慶州）

ガラス細工を体験できる工房もここに用意されています。

　ガラスの迷路や、夜になるとイルミネーションが美しいと思うトンネルがあり、作品展示館に入ります。ここでは鷲や鷹、魚類などを形どったガラス芸術作品が並べられています。オーケストラを表現した作品は演奏者の表情までわかる素晴らしい作品です。ステンドグラスの家並みはグラスの色彩が豊かで一見の価値があります。

　館から外に出ると、太陽の光に照らされたガラス作品が展示されています。済州の岩石に白濁色、ピンクなどの色彩をつけたガラス素材の塊を積み上げて造られた石垣があります。ガラスの恐竜の親子の青緑の皮膚は何となく不気味な印象です。テディベアーの大きな像が置かれていますが、これはおそらく写真撮影スポットなのでしょう。

　次にガラス作品が作家別に並べられています。ガラスのピラミッドやテディベアー、聖火台が庭の水辺に配置されていました。

　鏡子湖と名付けられた凸面鏡が無数に配置された二〇一六年の作品は見事なものです。このほかギターやバイオリン、サキソフォン、太鼓などの楽器を模した作品がありました。解説文がハングルのみなので製作意図はよくわかりませんでしたが、ガラスの持つ色彩感の美しさは理解できました。水草を模して造られたガラス作品、ローマン・グラス製品なども展示されていました。

　続いてギャラリーがあります。ここにはガラス細工に用いられる様々な道具が置かれ、ボヘミアングラス作品も見られます。慶州にある仏国寺の多宝塔なども透明なガラスで造られています。

　最後には「グラスハウス」と表記されたコーヒーショップにたどり着きます。

✤城山日出峯《ソンサンイルチエルボン》広報センター（西帰浦市城山邑）

世界自然遺産に登録されている城山日出峯を訪ねました。済州島の火山では最後に噴火したものだそうですが、現在では火口の痕跡を残すのみの場所で、噴火の可能性はほとんどないとのことでした。

噴火口跡を目指して多くの観光客が山を登っていきます。その登山の起点となっている場所にこの広報センターがあります。建物は目立たない平屋建てで、屋根の部分は木材のように茶色に塗装されています。センターには係員が二名いましたが、とくに応対するわけでもなく、どうぞご自由にご覧下さいというスタンスです。

映像で紹介するコーナーとパネル展示がありますが、量的には多くはありませんでした。映像はマルチスクリーンで、まさに城山の日出と夕方の日の入り部分の映像が映され、周辺の四季の景色が美しい映像で表示されていました。

城山日出峯広報センター

✿アクアプラネット・済州 （西帰浦市城山邑古城里127）

済州島東部にあるアクアプラネット済州はハンファホテル&リゾートが運営する水族館です。広大な面積の駐車場がほぼ満杯となってしまうほど人気の高い施設です。二〇〇一年秋にオープンしました。

総面積は二万五六〇〇㎡、全体水量一万八〇〇トン、展示されている生物は約五〇〇種、四万八〇〇〇匹という大規模なものです。建物は左右に広く、地上二階、地下一階で、水族館（アクアリウム）、劇場（オーシャンアリーナ）、科学館（マリンサイエンス）で構成されています。

正面入口までなだらかな階段と斜面が続きます。入口は二階で、海に面してガラス張りのロビーからは、広大な海と城山日出峯が望めます。

展示室に入ると、サンゴ礁の海と熱帯魚の泳ぐ済州島と五大洋の展示から始まります。五大洋とは太平洋、大西洋、インド洋、北極海、南極海で、それぞれに生息する海洋生物を見ることができます。また二階にはペンギンのコーナーもあり、ゴマフアザラシやゼニタカアザラシ、南アフリカのペンギンなどを見ることができます。沖縄の海と熱帯魚を見せているコーナーもあります。

一階には、ヒトデ、巻貝、サメなどの海洋生物を触れるコーナーがあります。ほかの水族館でも同じようなコーナーがありますが、ここはかなり広いスペースをとっています。親子連れが楽しそうに魚に触れていました。

水族館ではおなじみの水中トンネルもあります。群れで泳ぐ小魚や悠々と泳ぐ大きな魚、さらに多くの魚に交じってエイが泳ぐ光景も楽しめます。また海水の生物ばかりでなく、東南アジアのメコン川やブラ

アクアプラネット済州

ガラス越しに魚にタッチ

水中トンネル

シーラカンス

ロビーの風景

メインプールの観覧席

メインプール

子供プレイランド

ジルのアマゾン川などの淡水の水中生物も展示されています。とくにアマゾン川のコーナーではジオラマを使用して熱帯雨林の雰囲気をうまく醸し出しています。

地下一階にはこの施設のメインプール「済州の海」があります。横二三m、高さ八・五mの舞台（プール）では、海中の様子がリアルに再現されています。たくさんの魚たちを鑑賞するだけでも十分に癒されます。海女の海底での貝採集や人魚のショーなども毎日行われているそうですが、残念ながら時間があわず見学はできませんでした。

また、深海の様子についての展示も行われ、済州島の周囲の海面下で生育する魚類ばかりでなく、サンゴやテングサなど海藻類の紹介などがあります。このほかにも、岩石の展示やクラゲを紹介するコーナー、うつぼと共生する小魚などの紹介も行われていました。

ミュージアム・ショップでは、ペンギン、オットセイをはじめサメなどのぬいぐるみ、さらに魚のフィギュアなど子供の喜びそうな品物が目白押しでした。

✻海洋動物博物館（西帰浦市城山邑水山里）

済州島東部にある海洋動物博物館はガラスで覆われた近代的な建物です。外壁には「JEJU MARINE ANIMAL」と表示されています。

展示室の入口近くにはマンボウをはじめ大きな魚の標本が飾られています。これらがレプリカではないことを説明するために、係の女性は大きなルーペでマンボウの表面の皮膚を拡大して見せてくれました。

海洋動物博物館

中央の展示台には船のようなモチーフが置かれ、周囲にジンベイサメなど大型のサメ類の剥製がつるされています。

四本の椰子の樹木とそれに登って椰子の実を落とすヤシガニの様子がジオラマで表現されています。

朝鮮時代の魚を描いた絵画、盤亀台岩刻画の写真パネル、ウフッツイ美術館の「ヴィーナスの誕生」の絵画とそこに表現されている二枚貝の実物、そしてなぜか葛飾北斎の「富嶽百景」の浮世絵など海にまつわる絵画のパネル展示が続き、潜水具と羅針盤、船の操舵具などが示されます。壁面いっぱいに貝、カニ、ヒトデなどの標本が貼り付けられアクリル板で覆われています。

この博物館の展示は主として魚類と貝類の標本展示で、生きた状態で生態観察ができるコーナーは残念ながらありませんでしたが、魚の剥製はまるで生きているかのようですし、珍しい魚類も展示されています。ウミガメ、オットセイ、アザラシなどの海獣類も剥製で展示されており、海底のサンゴもさまざまな色調のものが集められています。

潮の引いた海岸の干潟で海藻や貝を採取する風景のジオラマがあります。先端に籠のついた道具で貝をすくい上げる人、かがんで泥の中から貝を採集する女性、貝の入った籠を両方に振り分けて肩に担う男性、貝を選ぶ女性たち、村総出で働いている光景が再現されています。一方、岩陰ではヤスを持った男性がタコや小魚を突き、その傍らでは岩に付着した海藻を採る男性がいます。

その隣もジオラマです。海に出て筏から網を垂らして魚を捕る漁師、船の上から釣り糸を垂らして魚を釣る漁師たちの様子をリアルに表現したジオラマです。沿岸には岩礁が広がっており、海中の様子もカラフルです。

こうしたジオラマが続く反対側の壁面は、カニ、貝、サンゴ、海藻類の標本がガラスケースに入れられて大量に並べられています。標本の内容は素晴らしいものばかりで、十分楽しむことができましたが、解

サメの剥製　　アロワナの剥製

中央展示台

干潟での漁のジオラマ

説文がハングルのみだったのが残念でした。

最後のジオラマは海女の休息場所を復元したものです。岩に囲まれたところには焚火があり、赤ん坊を抱いた海女や海から上がったばかりの海女たちがおしゃべりしているようです。

このほか、済州の海中を遊泳する魚の群れもジオラマで示されています。また、魚の料理法のパネル展示もあります。それによると、焼き物よりも鍋物が多くようです。この展示はとても面白い試みです。

✽日出ランド（西帰浦市城山邑三達里１０１０）

面積約二万㎡の日出ランドは、洞窟、公園、噴水など自然の見どころをはじめ動物園、植物園、展示室など多様な施設が揃っています。どれもそれほど広くはなくコンパクトにまとまっている印象です。

入口を入ると自然豊かな庭園が広がっています。池には噴水があり、奥には滝が流れ落ちています。順路に沿って歩くことにしました。まず済州島のシンボルでもあるトルハルバン石像が石の台上に建てられている場所に出ます。石像は五体あり、その前に卵を生む石（孕胎石）があります。皿状の石に卵状の石が中央に置かれています。「かわいいお姫様を願う方は手の平で右に三回、素敵な王子様を除く方は手の平で左に三回、あとは未来の娘、息子、孫息子、孫娘を想像しながら真ん中に置かれた石を手の平で撫でてくださ

日出ランド入口

トルハルバン石像

い」と説明がありますが、石を撫でる人はいませんでした。
ランド内の施設を紹介します。

サボテン温室

サボテン温室

様々なサボテンが栽培されています。サボテンは種類が多いことで知られていますが、ここにもたくさんの種類のものが集められています。

美千窟

美千窟は火山活動によって作られた熔岩洞窟です。階段から地下に潜ると人工照明で照らされていますがかなり暗く感じます。ほかの熔岩洞窟とほぼ似たような印象ですが、ジオラマによる展示やカラフルな照明など展示に工夫がされています。

民俗村

済州島の民家四棟を移築復元したものです。済州島のチョガ（草家）の入口には三つか四つの穴が掘られている一メートル前後の柱が立っています。その柱に丸太三本を穴に掛けておくもので、石柱を「ゾンズソク」、木柱を「ゾンズモク」と呼びます。真ん中に掛ける木を「ゾンナン」といいます。これは正門の役割、あるいは放牧中の牛や馬が侵入するのを防ぐためだったのが、徐々に住民の行方を知らせる合図として使われたという説とがあります。

このほか亜熱帯庭園、アートセンター、盆栽庭園などがランド内にあります。

✻城邑民俗村《ソンウッミンソッチョン》マウル（西帰浦市表善面城邑里８２０）

済州島東部、漢拏山の麓に済州島の昔ながらの村の姿や暮らしぶりがそのまま残されている民俗村があります。済州島の行政区域のひとつだった旌義県の城があったため、行政・軍政の中心として栄えました。一九八四年に重要民俗資料第一八八号に指定されました。現在もここには人々が生活をしていますが、かつての農業ではなく、観光関連の仕事をしているようです。

村内には藁葺き民家や溶岩を積み重ねた石垣、家に直接風が入るのを防ぐために曲がりくねった狭い路地など、石、風、女が多いため三多島とも呼ばれる済州島ならではの生活の工夫を垣間見ることができます。なお一部ですが、村を守るための石垣や門も復元されています。

城邑民俗村マウル

✻済州ヴェニスランド・世界民族博物館（西帰浦市城山邑南山里２５７５）

イタリアのヴェニスは、島と島の間の水路が重要な交通路になる「水の都」です。この美しい町の風景をそのまま済州に再現した施設です。ゴンドラに乗って運河を楽しむことができますが、ヴェニスの本物よりかなり小型で、二～四人乗りの手漕ぎボートです。船首と船尾の装飾はなんとなくヴェニスのゴンドラに似ていますが、似て非なるものという印象です。これに乗ってランドを

済州ヴェニスランド

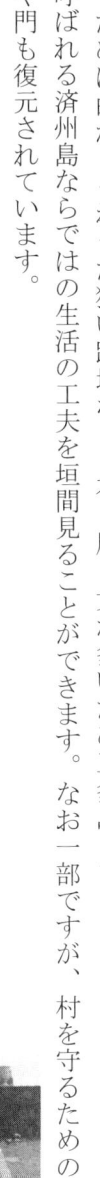

一周するのですが、それなりに楽しめそうです。

ランド内に世界民族博物館があります。一階でアフリカ、北アメリカ、アジアなどの民族資料を集めて展示し、二階は水の都ヴェニスに関連する展示です。

ここでは３Ｄトリック絵画を見ることができます。とくにゴンドラのある風景では、写真で撮影するとまるで櫓を持っているかのように錯覚してしまいます。また手すりのあるベランダから見るヴェニスの遠景を描いた作品では、ベランダ上の椅子に座って写真を撮ると、まるで現地にいるような不思議な感覚になります。このような３Ｄ絵画をいくつか見て外に出ると、水路に沿って美しく植栽された庭園が印象的でした。

ヴェニスのゴンドラと世界民族博物館

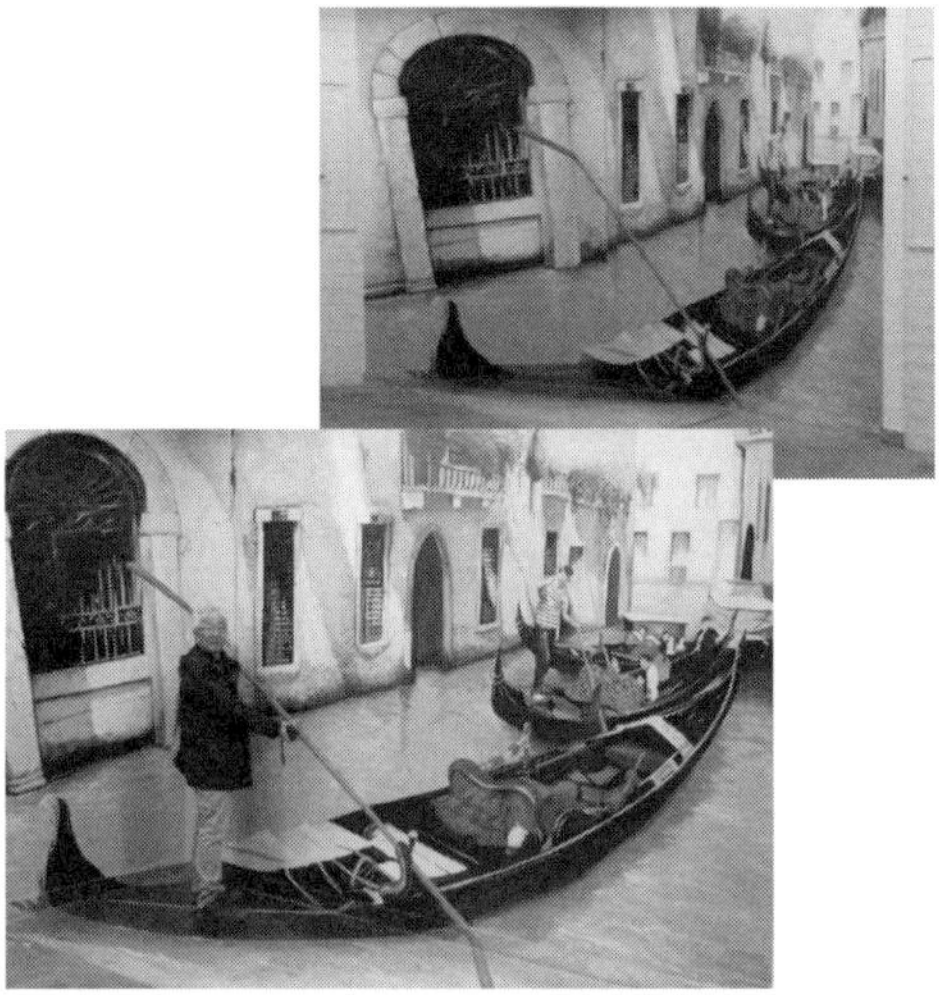

3Dトリック絵画

彫刻の展示

✻済州民俗村博物館《チェジュミンソクチョンバンムルグァン》（西帰浦市表善面民俗海岸路631）

済州島は「三多三無」の島と言われます。風と岩と女性が多く、門と物乞いと空き巣が無いという意味です。

火山島という厳しい自然環境を乗り越え、はるか昔から自然と共存してきた済州島は特色ある文化遺産を形成してきましたが、こうした貴重な文化遺産を後世に伝えるために、一九八七年に済州民俗村博物館がオープンしました。

一五万八〇〇〇㎡の広大な敷地に、一九世紀の済州島の山村、中山間村、漁村を再現しています。園内には、復元された家屋約一〇〇棟のほか、漁具展示館、農機具展示館、陶磁器展示館、貴石・水石展示館、済州の官庁建物、大長今《チャングム》テーマパークなどがあります。

入口には一文字ずつ字を刻んだ石が建てられています。門を入ってすぐに広場があり、滝が流れ落ちる池が見えます。

少し歩くと山村の一六棟の建物群が目に入ります。ここは農業や牧畜を中心とする生活をしていた村で冬には狩猟も行っていました。ここにトンシと呼ばれる済州伝統のトイレがあります。トイレの下で黒豚が飼育され人間の糞尿をエサに育てられたといいます。

中山間村は三八棟あります。この村は比較的裕福で農業に従事していました。済州の文化や行政の中心地のような役割を果たしていたとされています。ここにはネゴリジャブ（土豪の家）と呼ばれる建物があります。普通の済州島の藁屋根の家より大規模な貴族系の住宅で、済州島北部地域で見られる建築様式で

済州民俗村博物館

テウ(筏)の野外展示

復元された伝統家屋

裕福な土豪の家

トンシ(豚小屋兼トイレ)

漁具展示館

貴石、水石展示館

役所の建物

獄　舎

す。面積一七〇㎡、一九世紀の様式です。このほか漢方薬づくりの家、大規模な宗家があります。

漁村は、標高一〇〇m以下の地域で漁業と農業の生活をしていた村で、一〇棟の建物があります。ここにはクワンリョン・ムルトンや海女の家があります。ムルトンとは井戸のことで、湧き水の出る上流が飲料水に、下流では野菜などを洗う水に、さらに最下流を洗濯用の水に使用していました。海女が身を乗り出しているのは海女の家です。

漁具展示館には、漁具や柄の長い鎌のような道具、網籠、ヤス、重り、浮き輪、釣り糸、海女が貝を取るために使った道具などが展示されています。済州島の代表的な筏《いかだ》「テウ」は正門を入ったすぐの広場にも置かれていましたが、一方の先端に網を着け、筏の中央に帆柱か椅子を置いています。このほか、漁業の様子を示す写真パネルも見られます。

出口近くの農機具展示館には鋤、鍬、籠、千歯こき、むしろ、石臼、杵、石皿などの農機具が展示されています。すきを牛にひかせて耕作する様子や収穫した稲を打つ様子、ポニーに荷車を引かせるなどを表現したジオラマがあります。

陶磁器展示館には、キムチを漬け込む甕「オンギ」、皿、鉢などが集められています。いずれも高温焼成で赤茶色に変色した陶器で、土器や磁器は見られませんでした。

貴石・水石展示館は「休息所」という案内がある建物ですが、実は内部で展示が行われています。済州島独自の火山岩の形の面白いものや鑑賞用に磨き抜かれた水石、貴石などが集められています。

このほか巫俗信仰村、市場、済州島の役所、監獄などの建物があります。かなり広いので一周するには二時間は必要です。

大長今テーマパーク

二〇〇三年九月から二〇〇四年三月まで韓国のＭＢＣテレビで放送され最高視聴率五七%を獲得したテ

レビドラマ「大長今」が、日本でもＮＨＫで「宮廷女官チャングムの誓い」というタイトルで放送され人気を博しました。不幸な家庭環境に生まれたチャングムが、宮廷料理人として、そして女医として独り立ちして「大長今（チャングム）」の称号をもらうまでの波乱の生涯が描かれています。済州島へ流刑となるシーンなどがあり、この島でも撮影が行われました。

済州民俗村の中にある大長今《チャングム》テーマパークの展示館にはドラマ台本、使用された道具、衣装類、漢方薬の材料や薬袋類などが集められています。またドラマのスチール写真や、セリフのパネル展示も見られます。

大長今テーマパーク

ドラマの展示

✿世界酒博物館 （西帰浦市表善面下川里１８１４）

煉瓦積みの平屋建ての建物の前面がガラス張りになっている博物館の入口には「WORLD LIQUOR MUSEUM」と表示されています。

入口を入ると大型自転車があります。かつては重いものもこうして運んでいたのでしょう。荷台にはポリタンクが八個も、さらにもう四個吊り下げられています。なかなか簡単に運転できそうにありません。自転車で重い荷物

世界酒博物館

酒運搬用の自転車

を運ぶ光景は、韓国のみならず昔は日本でもよく見かけました。

展示室は時計回りに順路が設定されています。まず韓国の酒つくりに関するコーナーです。ここには昔から韓国の伝統的な酒つくりに使う道具が並べられています。石臼、蒸し器、木製臼と杵、竹籠、陶器の壺や甕などです。

米から酒をつくる過程が人形やパネルを使って解説されています。段違いの机が置かれ、上段には酒を入れる陶器製とポリエチレン製のタンク容器があり、下段には白い陶器製容器、そして背面には黒っぽい釉薬が塗られた陶器製壺が置かれています。

ここに二つの膳があります。右側の「マッコリテーブル」は農家の日常の食事のようです。キムチと野菜のほかはマッコリと御飯です。左側は「リキュールテーブル」と表示されています。来客用なのでしょう、清酒と餅、焼き物、揚げ物などが置かれています。

このほか、陶器製の徳利、青磁の徳利、ゴルフのドライバーの先端を形どった陶器製のものなども色形もさまざまなものがあります。十二支の白磁製容器は縁起物として毎年生産されてきたものでしょう。

展示室の端に、酒づくりの最終段階で使われる青銅製の蒸留器があります。炉の下では薪が燃えており、蒸留された酒が壺に流れていくようになっています。こうしてできる蒸留酒はアルコール分が四〇%前後、リキュールでは一八%前後の焼酎となるようです。

韓国の焼酎メーカーのラベルが壁面に貼られています。とくにシンロ酒造の阪神タイガース応援ラベルやジャイアンツのラベルは目を引きました。盃、通称ぐい飲みもガラス製から陶器製のものまで、あらゆる種類のものが集められていました。また、ビール用のジョッキも把手付き、コップ状など大小さまざま

食事と酒

酒の蒸留過程

大型の酒運搬用の
甕と瓶

ウイスキーの蒸留用具

ラベルのコレクション

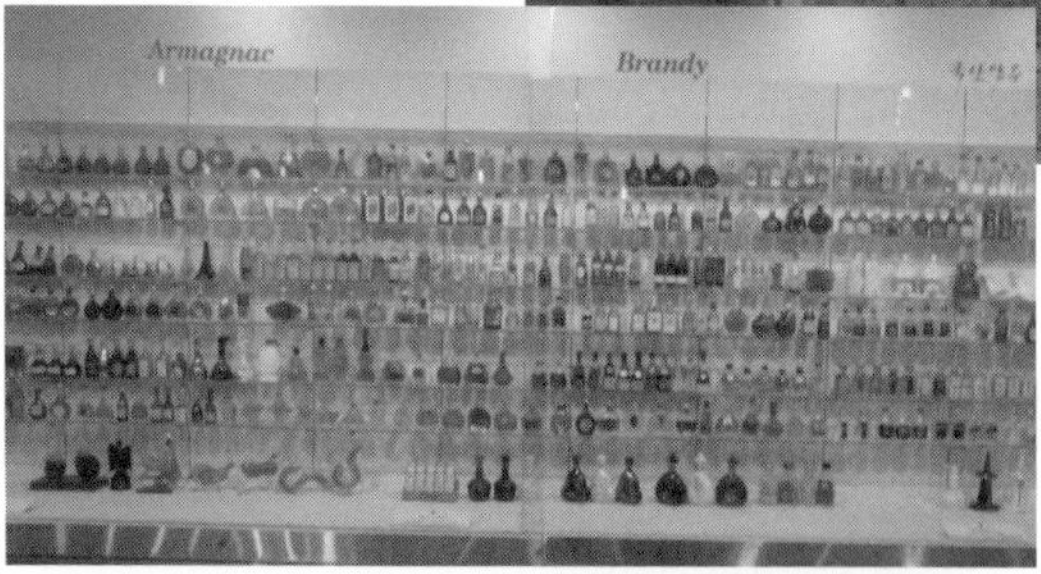

洋酒のコレクション

缶ビールのコレクション

韓国産ビールと
缶ビール

なものがガラスケースに収められています。

世界の酒コーナーは、ヨーロッパのウィスキーやブランデーが中心です。産地によってスコッチ、アイリッシュ、アメリカ、カナディアン、コニャック、ブランデー、日本酒などに区分され、小型の蒸留器、木製の酒樽なども展示されています。ミニチュアの酒コーナーには世界各地の酒瓶のミニチュア・ボトルが集められており、ガラスケースにびっしりと並べられているのは壮観です。このほか動物の形をしたボトルなども集められており、なかなか面白いコレクションです。

充実した世界のビールのコレクションも見どころがあり、メーカーの作成したカレンダーポスター、時計、栓抜き、灰皿などプレミア製品も見られます。

ここには、京畿道、全羅道、慶尚道、忠清道をはじめ韓国各地でつくられている酒がほぼ全商品集められているようです。済州島のお酒を探してみましたが、種類はそれほど多くはないようでした。

中国、日本、アメリカ、英国、北朝鮮のお酒も紹介されています。また、わずかですがワインのコーナーもあります。出口付近に試飲コーナーがありますが、朝一番の見学なので遠慮しました。

✤済州化石博物館（西帰浦市表善面ハチョン路11）

学校の廃校舎を利用した博物館です。壁面をオレンジ色に塗装し、校庭にはコンクリートで造られた大型の恐竜が置かれています。自然史に関連する博物館のひとつで、地球の自然の変化と歴史を学べる教育の場としてオープンしま

済州化石博物館

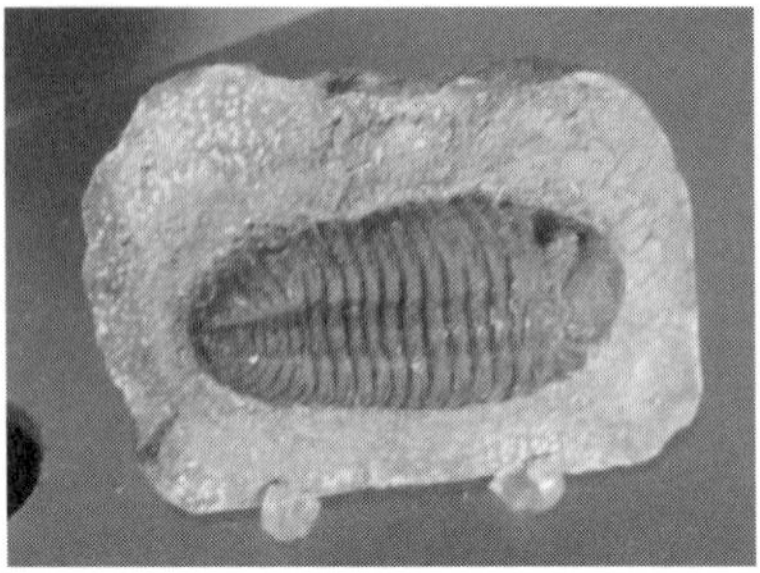

三葉虫の化石

化石の展示

した。

国内外の化石を時代別（古生代、中生代、新生代）と種類別に分類して展示しています。

一階の第一展示室では化石が時代別に分類され、地球の生態の変化の様子が学べます。第二展示室では、植物、三葉虫、海草、魚、植物の葉などの化石が種類別に分類、展示されています。展示の化石にはプラスチックのドーム状のカバーが被せられているものやそのまま露出しているものなど様々です。化石含有石内から化石を見つけ出す作業中のものは、無造作に木箱などに入れたままの状態で置かれています。

博物館の敷地には池と化石を利用した庭園があり、そこには恐竜の卵などが無造作に置かれていました。展示資料は素晴らしいものばかりでした。展示にかかわる人がもっといれば内容の濃い博物館になると思いました。

済州島南部地域

✤健康と性の博物館（西帰浦市安徳面一周西路1611）

この博物館は「性を正しく理解すれば健康的で素晴らしい性生活を送れる」というまじめなテーマで二〇〇六年三月にオープンしました。

駐車場から博物館の建物までの道沿いには、男女の肉体の美しさを誇示するギリシャ・ローマ時代の彫像や男女の合体像があたりをはばかる様子もなく堂々と置かれています。

建物は正面が半円形のガラス張りの大きな建物です。展示室は六つあり、いわゆる春画や合体人形が集められた展示室や、医学的に性を解説しているコーナーなど、多様な性文化を知ることができます。大部分的は未成年は入場禁止になっていますが、日本の温泉地などによくある秘宝館などと違い雰囲気も明るいので、カップルや夫婦が多く訪れるとのことです。

健康と性の博物館

ローマ時代の彫像

マリリン・モンロー

✻世界自動車博物館（西帰浦市安徳面上倉里山２０６５）

二〇〇八年四月に開館したこの博物館は、世界の名車約九〇台を集めている自動車専門博物館です。アジア初の個人博物館として知られています。一五万七〇〇〇㎡の敷地に展示館、野外展示場、子供体験館があります。

入口を入ると自動車の車輪の変遷を示した展示があります。正方形のケースに一個ずつ車輪が置かれています。初期のものは自転車のようにタイヤ部分が薄かったようですが、レーシングカーになるとタイヤの厚みも増し頑丈な印象となります。次に野外フォトゾーンです。ここは、クラシックカーをより近くで鑑賞できるように、そして記念写真も撮影できるようにという配慮からつくられたものだそうです。

世界自動車博物館

本館に入ると、ロビーにダビンチ以来の自動車の歴史を見ることができるコーナーがあります。次の第一展示館では一九〇〇年代から一九三〇年代までの自動車が展示してあります。初期の自動車はデザインが馬車に似ています。第二展示館は一九三〇年代後半から一九五〇年代までの自動車です。箱形のデザインからソフトな曲線を用いた一九四〇年代の自動車への変化を見ることができます。第三展示館は一九六〇年代から一九七〇年代の自動車で、とくにアメリカの大型車が中心になります。次の韓国館では、韓国製の自動車の歴史を紹介し韓国の自動車が並んでいます。第四展示館はいまなお最高の名車と呼ばれているメルセデス・ベンツ、ロールス・ロイス、ベントレーなどの名車が並び、さらにスポーツカーとして最高の評価を得ているランボルギーニ、フェラーリなどの名車が展示してあります。

また子供の交通体験館も併設しており、電気自動車の運転を体験させ、子供自動車運転免許証の発行を行うというユニークな体験講座も開催しています。

韓国製自動車

オープンカー

米国製の大型自動車

沿道にも展示

クラシックカー

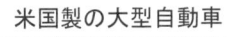

✻済州航空宇宙博物館（西帰浦市安徳面緑茶盆栽路２１８）

この博物館は国土交通部傘下の公企業である済州国際都市開発センター（ＪＤＣ）が運営する施設で、航空と宇宙をテーマに二〇一四年四月にオープンしました。敷地面積は約三二万㎡、建物面積は約三万㎡で、航空歴史館、天文宇宙館、テーマ体験ゾーン、野外展示ゾーン、展望台から構成されています。

博物館案内によると「最先端技術とマルチメディアを利用した多様で面白い体験施設とともに有益な教育プログラムを運営し航空宇宙分野へ向かう未来の主役である青少年に夢と希望を、大人たちには忘れられない思い出を提供する施設」としています。

ムスタングF51D

一階は航空歴史館です。ここは五つのゾーンから構成されています。

ゾーン１は「飛行機の歴史」です。ライト兄弟が初めて空を飛んだ時から現代の飛行機へと続く歴史が語られます。ライト兄弟が乗ったフライヤー号の模型も展示されています。

ゾーン２は「空軍ギャラリー」です。第二次世界大戦から韓国空軍の花型戦闘機であったムスタングＦ51Ｄの実機が展示されています。この戦闘機は一九四二年にアメリカで製造され、太平洋戦争、朝鮮戦争でも十分な働きをした名機でした。一九五〇年からは韓国空軍に採用され、八五〇〇回も出撃し、一九五七年六月に退役しました。展示されている機体には「鳥人の信

済州航空宇宙博物館

念」という文字がペイントされています。このフロアにはこのほかジェット戦闘機が三機並び、天井からはセスナ機などの軽飛行機が五機以上吊るされています。

ゾーン3「飛行機に隠された秘密」では、空軍機二三機の詳細と飛行メカニズムがわかる展示が行われています。ゾーン4「世界を変えた航空技術」では、航空文化の革新的未来と現代の生活の中に活かされている先端航空技術を紹介しています。

ゾーン5は「How Things Fly」と表示されています。飛行メカニズムを体験できる施設で、米国のスミソニアン航空宇宙博物館と協約を結んで導入されたものです。

二階は天文宇宙館とテーマ館です。ゾーン6「空を観る科学、天文学」では、東洋の空、西洋の空、韓国の天文学、北東アジアの天文学、古代人が考えた宇宙などが解説されています。慶州にある瞻星台の断面模型が置かれ、その構造と内容がよくわかります。ゾーン7「宇宙を目指す挑戦、宇宙探検」では米国、旧ソ連など宇宙分野大国の宇宙開発の歴史がわかります。ゾーン8は「未知の宇宙世界」には火星探査ロボット「キュリオシティ」が展示してあり、子供たちの興味を引いています。ゾーン9「未来への招待」です。

How Things Fly

テーマ館には5Dシアター、ドームシアター、3Dシミュレーターなどの体験プログラムがあります。三階には休憩室と飲食施設、展望台があります。展望台からは済州島の美しい自然が一望できます。

野外展示ゾーンには大きな飛行機が展示されています。ちなみに野外展示と一階展示室に並べられている戦闘機三五機は、韓国空軍が提供した退役戦闘機で、どれも実際に戦闘に使用されたものです。

ジェット戦闘機

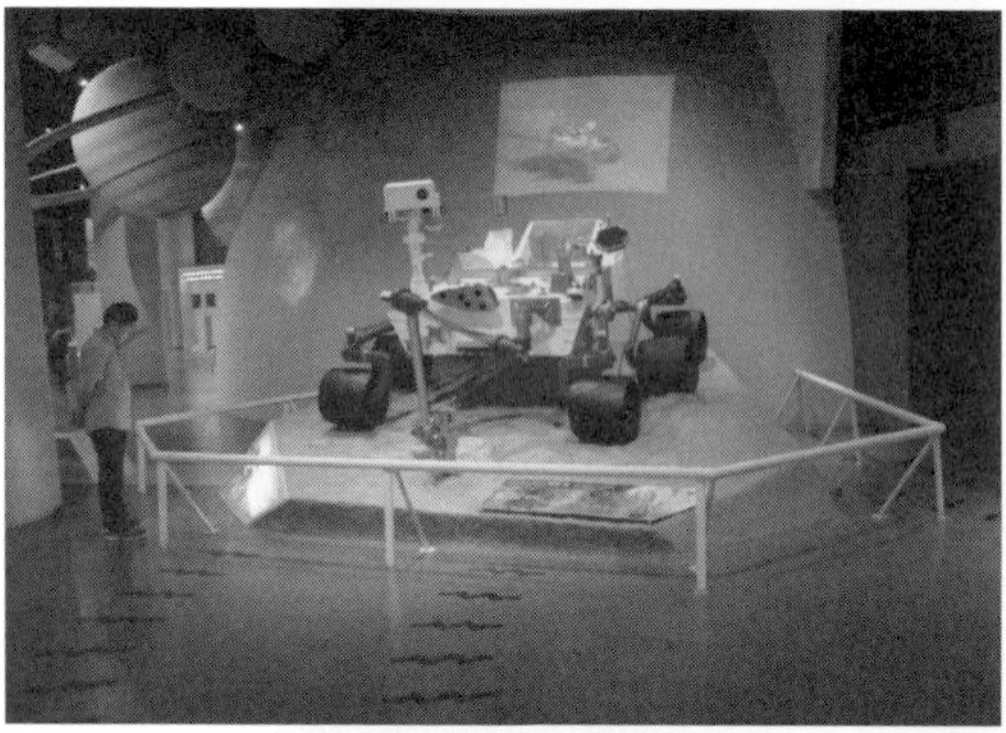

火星探査ロボット
「キュリオシティ」

ゾーン9「未来への招待」

✻本態（ポンテ）博物館（西帰浦市安徳面上川里３８０）

韓国を代表する大企業の一つ現代グループの会長夫人が収集したコレクションを展示している博物館です。二〇一二年にオープンした新しい博物館です。「本態」とは本来の形という意味で、人間が本来持っている美しさを探究するというが設立の意図のようです。

森の中にひっそりと立っている建物は日本の建築家安藤忠雄が設計したことでも知られています。打ち放しの露出コンクリートづくりで段差の多い建物はいかにも安藤忠雄作品と思えますが、外観の冷たい印象とは異なり、館内には自然光がたっぷり入り込み、暖かさを感じさせます。

水の道

第一博物館から第二博物館へ続く水の道はこの館の特徴の一つです。また瓦土塀を思い起こさせる築地もあり、日本人には懐かしい光景です。

本態(ポンテ)博物館

第一博物館には近現代の美術作品が展示され、第二博物館には韓国の伝統的な衣装や家具など民俗文化財が大量に展示されています。少し離れた第三、四、五館にも韓国の伝統的な葬送具や仏像などがあります。また、草間弥生のカボチャなどの代表的作品もここで見ることができます。

韓国の伝統工芸から現代美術家の作品まで独特のセンスでつくられたものが多い博物館です。

日本風の築地塀

仏像展示室

庭園のブロンズ像

草間弥生のカボチャ

木人コレクション

葬送用の輿

✻ハロー・キティランドイン済州 （西帰浦市安徳面上倉里１９６３）

二〇一三年一二月に開館したサンリオ・キャラクター、ハロー・キティのテーマパークです。地下一階地上三階建てのピンクの外壁が目立つ特徴的な建物です。

一階の「キティの歴史館」では誕生から現在まで、変化を重ねたキティの様子や、家族、学校、スクールバス、教室などを紹介しています。二階建てのキティの家も再現されています。二階はいろいろな童話とコラボしたキティの世界が一面に広がっています。また、アスレチックをはじめさまざまな体験施設もここに集まっています。三階には、３Ｄ映像が楽しめる映像館があり、キティが搭乗するアニメーションを観ることができます。ここから屋外に出るとキティ迷路があります。

子どもたちや若い女性を魅了するハロー・キティの世界を満喫できるこの施設は実に華やかでしたが、中高年世代の男性にとっては落ち着かない気分でした。

ハロー・キティランド

✻小人国《ソイングッ》テーマパーク （西帰浦市安徳面中山間西路１８７６）

韓国国内最大規模のミニチュアテーマパークです。二万坪に及ぶ広大な敷地内に世界中三〇か国の有名な建築物一〇〇点余りのミニチュアが建てられています。東武ワールドスクウェア（栃木）やレゴランド

景福宮

モアイの石像

パリの凱旋門

パルテノン神殿

エッフェル塔

大阪城

（名古屋）などと同じようなコンセプトです。

園内は6つの区画に分かれています。1区にはピサの斜塔、自由の女神像、モアイの石像など、2区には慶州の瞻星台や大きな座仏像があります。

3区の景福宮は二五分の一のスケールですが、4区にはなぜか実物のセスナ飛行機が置かれています。「小人国」には何とも不釣り合いです。

5区には万里の長城、6区ではエジプトのピラミッド、パリのエッフェル塔などを観ることができます。また大坂城は二五分の一のスケールで天守閣のみです。朝鮮銀行本店の建物は一八分の一のスケールです。また恐竜の骨格標本が5区にあり、子供たちの人気を集めていました。

✾不思議の国のアリス（西帰浦市安徳面中山間西路1881）

小人国テーマパークの中にある、韓国初の迷路のテーマパークです。二〇〇八年にオープンしました。

まず鏡の迷路から出発です。これは多面体形象反射という現象を利用したもので広場のように感じられる迷路です。次はピラミッドの内部を探検するスリルある迷路です。さらに、光の反射を利用した錯覚に陥るマジック体験など不思議な世界が続きます。最後はアリスのブラックホール体験です。

不思議の国のアリス

✿オースロック・ティー・ミュージアム
（西帰浦市安徳面西広里１２３５）

済州島南西部にある曙光茶園の広大な茶畑の中に緑茶の博物館が建っています。ここは韓国の緑茶メーカー雪緑茶《ソルロクチャ》が運営しています。

館内には、韓国の各時代の茶碗などを展示したギャラリー、日本や中国のお茶文化の紹介コーナーがあり、カフェでは緑茶を使ったデザートなどが楽しめます。

屋上の展望台からは一面の茶畑が見下ろせます。また野外にはマグカップの形をした現代アートの作品が置かれています。

野外のオブジェ

オースロック・ティー・ミュージアム

✿フィギュア・ミュージアム済州
（西帰浦市安徳面上倉里１８７５）

二〇一七年にオープンしたフィギュア・ミュージアム済州は、「スーパー・マン」や「スターウォーズ」をはじめとする映画やアニメ、ゲームまであらゆるキャラクターが実物大からミニチュアで登場する、フィギュアファンでなくても見たくなるような博物館です。

一階では「Ｘ－ＭＥＮ」や「ガーディアンズ・オブ・ギャラクシー」など

フィギュア・ミュージアム済州

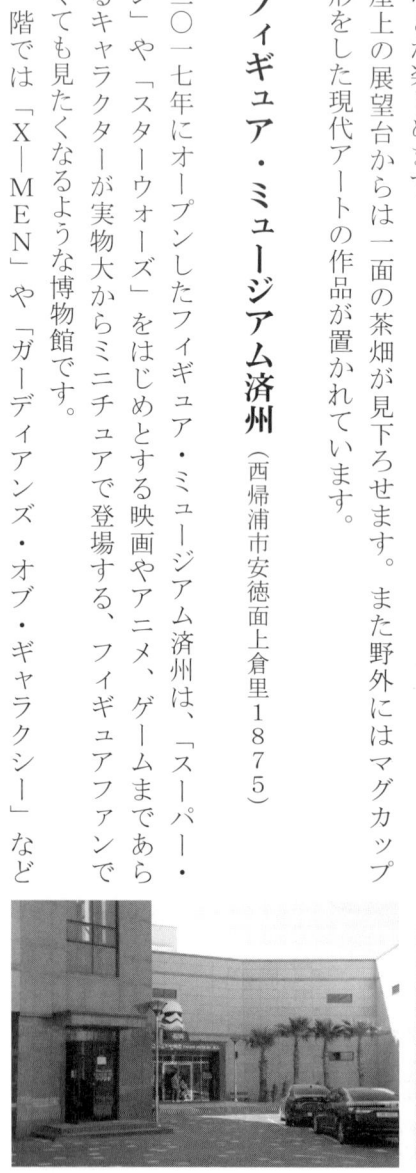

スターウォーズ

アナと雪の女王

マーベル・コミックのヒーローたちを目にすることができ、二階に上がるとバットマンとジョーカーの模型、実物大のバットモービルが目に入ってきます。本当に動くのではないかと思うほど迫力があります。このほか二階では「バットマン」「スーパー・マン」「ディズニー」「スターウォーズ」「ピンクパンサー」などの映画でおなじみのキャラクターが等身大で展示されています。このほかマスコット的なフィギュアも多数集められており、十分楽しめる内容となっています。

✿ハメルシップ・エクシビジョンセンター（西帰浦市安徳面）

駐車場から少し歩きますが、その途中で左側には山房窟寺の洞窟が遠くに見えます。訳〇分程度わずかな坂道を歩くと目の前にスペルオール号の船影が見えます。

オランダ人ヘンドリック・ハメルはオランダ東インド会社の商船「スペルオール号」に乗船して日本への航海の途中、暴風にあって難破し、一六五三年八月に済州島南部の大静県に漂着しました。彼は韓国に幽閉された一三年間の生活を記録した『ハメル漂流記（朝鮮幽囚記）』を欧州各地の言語で出版

ハメルが乗ったスペルオール号を復元

しベストセラーとなりました、これによって欧州に朝鮮のことが初めて知られるようになります。

この展示館は難破した当時の「スペルオール号」を一七世紀の商船「ハタヴィア号」をもとに再現しています。全長三六・六m、幅七・八m、甲板高一一m、マストの高さ三二mの大きな船です。帆柱三本が聳え立つ甲板の上からは、済州島の沿岸の穏やかな海域を望むことができます。この復元された船操舵室の様子や船員たちのくつろいでいる様子などを復元したジオラマをはじめ、時代別の各国の帆船の模型の展示など関連資料を展示しています。

この展示館は、漂着から三五〇年を記念して二〇〇三年に開館しました。ちなみに最近になって漂着地が大静県のこの場所ではないのではないかという疑問が出されているとのことですが、果たして……。

✽大静郷校《テジョンヒャンギョ》（西帰浦市安徳面郷校路１６５）

一四一六年（太宗一六）、賢儒の位牌を奉安するとともに地域住民の教育と教化を目的として大静県城内に創建されたのがこの大静郷校です。一六五三年（孝宗四）に現在の場所に移され、一七七二年（英祖四八）には明倫堂、一八三四年（憲宗一）には大成殿が再建されました。現存する建物としては大成殿・明倫堂・東斎・西斎・内三門などがあります。

朝鮮時代には国から土地や典籍、労賃などを受けて教生（儒生）を教えていましたが、甲午改革以降は新学制実施によって教育機能は消え、現在では祭祀機能のみが残っているとのことです。

郷校の建物は一九七一年八月に済州特別自治道有形文化財第四号に指定され、

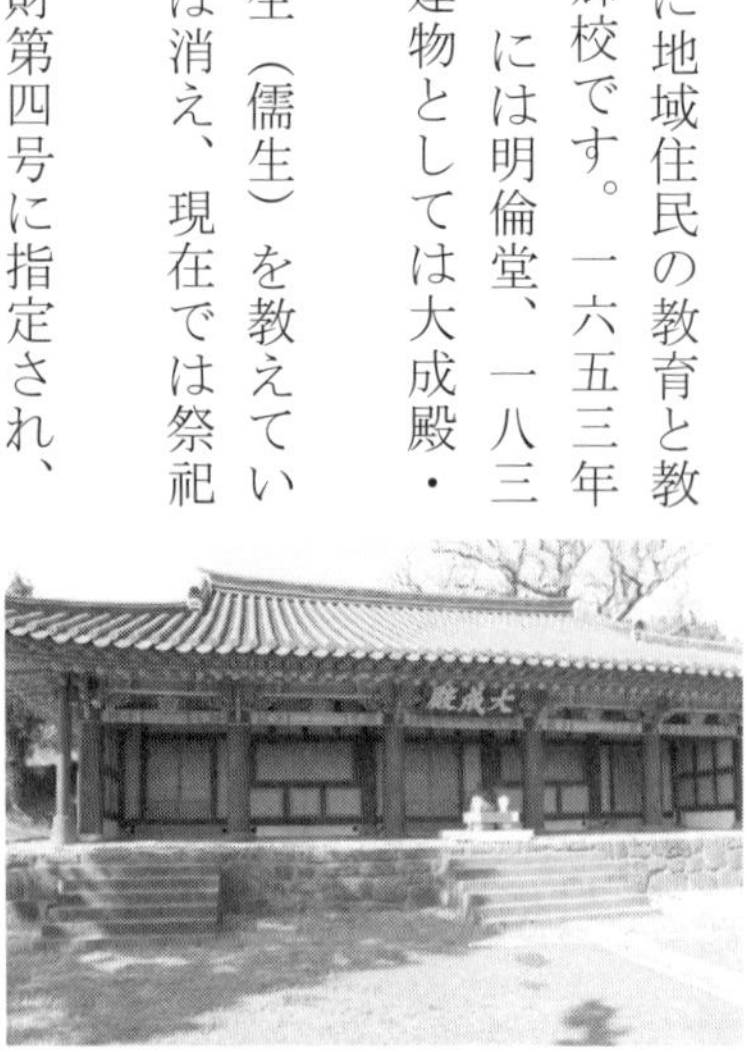

大静郷校

一九四八年四月からは文明学院を併設・運営されています。所蔵典籍には『大静郷校節目』など一八種三七冊があり、儒教経典の集註類が主流となっているとのことですが、常時公開はされていません。観光コースからは離れており、道も狭いので団体の観光客は少なく、個人観光客は比較的多いようで訪問時にもいくつかの韓国人のグループに出会いました。

✤秋史配流地・秋史館（西帰浦市大静邑秋史路44）

名門両班の出自で曽祖父は二一代国王英祖の婿という金正喜（秋史）が権力争いに巻き込まれ、一八四〇年から九年間済州島に流罪となった時、居住していたところです。周りにはとげの鋭い木が植えられています。これは罪人の家屋の周りに植えられるものだそうです。家屋は穀物小屋などを含めて三棟あり、決してみすぼらしいという印象はなく、むしろ当時としては大きい部類だったのではないかと思われます。

屋敷のうち一棟内では村の子供たちを集めて講義をしている金正喜の姿がジオラマで復元されています。済州の文化的な基盤は、このように流刑者たちによって高められていったともいえます。

この一角に、金正喜に関する資料を集めて展示している秋史館があります。

金正喜は中国の考証学をもとに国際的な業績を遺

秋史館

秋史の住まい

した大学者で、金石学・経学・仏教学・書道・絵画の分野でも最高の評価を得ており、「秋史体」や「歳寒図」が広く知られています。

この館には、金正喜（秋史）肖像画をはじめ、秋史の著した代表的な書物や書、絵画などが展示されており、あわせて関連する人物たちの書簡なども紹介されています。

金正喜（秋史）

✾大静県歴史資料展示館（西帰浦市大静邑）

もともとは役場の建物でしたが、隣接地に新たに役場が建設されたことから、歴史資料館として整備活用されるようになりました。大静県内の里単位に産業などの特徴などを簡単に紹介したもので、大半が近現代の歴史にかかわる内容で、カラー写真パネル、あるいは年表と記事の組み合わせのパネルが中心の展示です。また大静郷校の修復によって、かつて使用されていた建物の枡組をはじめとする建築部材の展示が行われています。

見学を終えて館を出たところで、一人の老人に話しかけられました。役所生活四七年という老人で、定年後この館長をなさっているとのことでした。訪問記念にと県内の里分布を記した地図をプリントしたハンカチを頂戴しました。

大静県歴史資料展示館

✻済州彫刻公園《チェジュソガクゴンウォン》（西帰浦市安徳面徳修里）

済州彫刻公園は、済州の原始林の中に約一三万坪の広さを持つ総合芸術センターです。済州島独特の南国のムードが感じられるように、正門と入口には、樹齢七〇年になる夏みかんの木が植えてあります。ここでは自然と芸術、そして人間との出会いをテーマにした、約一六〇点の彫刻作品が展示されています。

✻神話テーマパーク（西帰浦市安徳面西広里山35）

済州国際空港ロビーの大きな電飾看板が目立つこのテーマパークは、済州島南部の統合型リゾート「済州神話ワールド」内にあります。

広大な敷地に建設した神話テーマパークは、世界の神話と伝説をテーマにしたテーマゾーンとさまざまな遊具で構成されているようですが、実際には遊園地、レジャーランドになっているようで、必ずしもテーマに沿って整備されているようには見えませんでしたが………。

済州彫刻公園

神話テーマパーク

✤信じようと信じまいと博物館（ミツコカマルナカ博物館）

（西帰浦市中文観光路１１０番ギル32）

中文団地内にある博物館の一つで、地図には「ミツコカマルナカ博物館」と表記されています。奇妙な仕掛けばかりが目立つ博物館です。昔お祭りの時に見かけたお化け屋敷的のような雰囲気の施設です。派手な装飾を付けた平屋建ての建物の入口にはリプレイズ、トリオ、バンドと名付けられた二ｍある長身の人間がおり、そして足が三本あるマンドリン弾き、ろくろ首の女という奇妙なディスプレイから始まります。

この博物館は、探検家のロバート・リプリーが三五年間に一九八か国を回って集めた驚くべき物が一二のギャラリーに展示されています。蝋人形やジオラマ模型のほか実物もあります。展示の随所に「リプリーの信じようと信じまいと」というパネル解説があります。例えば「マーガレット・リンチは一九二五年に夫が第二次世界大戦中に送った手紙を五〇年ぶりにもらった」とか、「一九九一年韓国ソウルのホー・ナムジンは、サッカーボールを一〇時間五七分間落とさない技を披露した」といったものです。

一方、突然目の前で撮影をしているところに紛れ込んだりするドッキリな場面もいくつかあります。また南米の首狩り族の干し首の作り方のビデオが上映されているギャラリーがあったり、グロテスクな場面やショッキングな場面が続くこともありますのでご注意を！

この博物館は、「Believe It or Not! Museum」の名称でマレーシア、タイ、カナダ、メキシコ、アメリカ、デンマーク、インド、イギリスなどに三三カ所ありますので、ほかの国でも見たことがある方もいるのではないでしょうか。

信じようと信じまいと博物館

異様な雰囲気の館内

未開民族の世界？

ロボット？

突然撮影中の二人が…

建物の外にも奇妙な展示

✻チョコレート・ランド（西帰浦市中文観光路110番ギル15）

済州島南部の中文観光団地は、リゾートホテル、ゴルフ場、コンベンションセンター、博物館などが集中する観光拠点です。チョコレート・ランドは映画博物館、K・POP博物館、テディベア博物館などと近接する位置にあります。黒っぽい板石を積み上げた壁面が特徴の建物には白い文字でチョコレート・ランドと大書されています。

チケットブースを通って館内に入ると、チョコレートとコーヒーの喫茶室がまず目に入ります。その反対側には「チョコレートの歴史」と書かれた展示パネルが目に入ります。小型のアクリルケースが並べられた展示室に入ると、「キリストと使徒像」では小さな円盤状のチョコレートの上に人間が立っており、「チェス盤とチョコレート」ではチェスそのものがチョコレートでできています。解説文はほとんどハングル文字で、一部に英文が見られるだけでした。このほかチョコレートの包装、パッケージなども多数置かれています。

随所にぬいぐるみなどが置かれ写真撮影のスポットが用意され、家族連れが記念撮影していました。ショップではヨーロッパ、アジアのチョコレートが集められて販売されていますが、決して安価なものではありませんでした。ショップの向かい側にチョコレート・スクールと表示された部屋があります。ここでチョコレート作りを体験できるようです。

チョコレート・ランド

展示室全景

体験工房

撮影スポットにピカチュウが

たくさんの種類のチョコレート
が並んでいる

✤テディベア博物館（西帰浦市中文観光路110番ギル31）

中文観光団地にあるテディベア博物館は独特な円錐形のガラス製の塔が特徴の建物です。入口を入ると五頭のテディベアが観客を迎えてくれます。

世界中で愛されているテディベアについておさらいしておきましょう。テディという名前はアメリカ第二六代大統領セオドア・ルーズベルトの愛称からきていることはよく知られています。

一九〇二年一一月、ミシシッピー州にクマ狩りに出かけた大統領は一頭の獲物も仕留めることができませんでした。そこで補佐官が傷ついた子熊を捕まえてきてこれを撃つように勧めました。しかし大統領は、「それはフェアではない」と撃たなかったのです。同行していたクリフォード・ベリーマンがこのことを記事として、挿絵付きでワシントンポスト紙に掲載しました。これがルーズベルトのフェアプレー精神をアメリカ全土にアピールする機会となりました。同じ頃、ドイツのシュタイフ社がそれまで誰もが見たことのないクマのぬいぐるみをつくりました。これに目をつけたアメリカの貿易会社がドイツから輸入し販売を始めました。きめ細やかな手作りのテディベアは値段も高く、客層はアメリカ、ヨーロッパの上層階層に限られていましたが、その後大量生産ができるようになると、一気に大ブームが巻きおこり、今も世界中で人気になっています。

テディベア博物館

一方、初期の手作りテディベアにこだわりを持つマニアも増え、世界各地で同好会などを組織してテディベアづくりが行われているそうです。

博物館に入りましょう。まず「The History」と名付けられた歴史コーナーでは、二〇世紀の歴史をテディベアとともにたどるコーナーです。初めて一般大衆向けに登場したT型フォード、アムンゼンの南極探検が表現されています。一九六五年には人類初の月面着陸の様子が表現されています。このほかにも中国、始皇帝陵の発見や香港返還などの社会事件を対象とした展示が続いていますが、チャップリンの映画「モダンタイムス」（一九三六年）や白雪姫と小人の作品（一九三五年）などもあります。

次にアート館です。「考える人」ならぬ「考えるテディベア」が置かれています。ここは人間をクマに置き換えて表現するとどうなるかというコンセプトのようです。クリムトの接吻、弓引くヘラクレス像、ゴッホの自画像など世界的にも著名な美術作品がパロディ化されていますが、ダビンチのモナリザにいたっては何とも異様としか言いようがありません。

次にミニチュアのテディベアをはじめ、大小さまざまな大きさのベアに会えます。「東洋の偉人」と題されたガラスケースにはガンジー像などが置かれています。

さらに圧巻なのは韓国の伝統的な婚礼の儀式を表現したジオラマです。正装であるチマチョゴリを着用した多数のテディベアが料理の準備や介添え、荷物運びなどをしている様子は微笑ましくもあります。中央テント内には主役の花嫁と新郎がいます。同じ表情のテディベアなのですが、衣装を着けていると不思議と個性があるように見えてきます。

テディベアコレクションと題されたケースには、ドレス姿の貴夫人風のテディベアが舞台の周りに集まり、ファッションショーを楽しむ様子が表現されています。

テディベアのミュージアムは世界各地にあります。朝鮮半島にも七か所あるということですが、済州島にもここのほかにテディベア・サファリミュージアム（済州市）があります。それだけ根強い人気があるということでしょう。

5人のテディが
お出迎え

中央はガンジー？

「考えるテディベア」

ゴッホ？

ファッションショー

田舎の光景

結婚式の賑わい

✽如美地植物園《コミチシンムルウォン》（西帰浦市穡達銅２９２０）

中文観光団地の中にある如美地植物園は三万坪以上の広さの大規模な植物園です。

入口を入るとすぐに円形の大型温室があります。長方形のプールには水連などの水草が植えられ、通路の左右には観葉植物が植えられています。温室中央は塔になっており、エレベーターで昇ると頂上から園内を見渡すことができるようになっています。

この温室の周りには「花の温室」「水生植物園」「サボテン園」「熱帯園」「熱帯果実園」などテーマ別の温室があります。

「花の温室」では鉢植えされた蘭の花が美しい花を咲かせ、「水生植物園」では池に茎の長い熱帯性の水連の紫、白などの花が咲いています。「サボテン園」では背の高いサボテンや小型のサボテンが植えられ、「熱帯園」ではまるでジャングルのように植物が茂っており、説明板も注意して探さなくてはわからないほどです。最後の「熱帯果実園」では、樹木の下のケースに果実が入っているので、どの樹木にどのような果実がなるのかよくわかります。バナナはたわわな実をつけ、マンゴーの果実とマンゴーの樹木、ゴレンシ、パパイアも見られました。このほかにも見たことのなかった珍しい果実もあり、勉強になります。

このほか温室内の柱の根元には蘭などの花とともに観葉植物が植えられており、美しいものでした。

如美地植物園

水生植物園

睡蓮の花

熱帯果実園

ロビー風景

✻アフリカ博物館（西帰浦市大浦洞１８３３）

中文観光団地内にあるアフリカ博物館は一九九八年一一月ソウルでオープンし、二〇〇四年一二月に済州島に移転してきました。

地上三階地下一階で、茶色の壁面で土壁づくりの雰囲気のあるこの建物は、西アフリカ・マリのジェンヌにあるイスラムの大寺院をモデルとして設計されました。ジェンヌ大寺院は、土で造られた建物では世界最大規模で世界遺産に登録されています。

入口には象やライオンの像があり、建物の前の樹木の上には獲物を狙っているヒョウがいます。

地下一階のホールには大音響の太鼓やマリンバのリズムが響いています。舞台上では男女三人が歌い、観客はリズムに呼応するように小さなドラムを打ち鳴らし楽しそうに歌っています。数曲聴いてホールを出ました。エレベーターで三階に向かいます。

三階では動物王国の写真パネル展が行われ、アンティークショップがあります。このほかアフリカの現代住居のリビングやベッドルームが再現されています。

二階が常設展示室です。ここにアフリカの仮面のコーナーがあります。アフリカの仮面は紀元前から中央アフリカと西アフリカを中心にさまざまな儀式で使用されてきたものです。生まれた子に名前を付ける命名式から、割礼式、部族の洗礼式、成人式、結婚式、戦闘の儀式、刺青などまで広く使用され、家族と部族を災いから守ってくれる存在と考えられてきました。仮面の種類は、顔につけるもの、頭につけるもの、肩につけるもの、胸部につけるものがあります。ほとんどが一本の太い丸太から仮面全体を彫りあげ、

アフリカ博物館

一つの仮面の製作期間は短くて一か月、長いものだと一年ほどかかるそうです。

仮面のいくつかを紹介しておきましょう。

カメルーンのコム族のヘルメット型仮面は木製で、男性集団の祭礼儀式、祖先崇拝の儀式で用いられます。ピグミー族の衣装と仮面はコンゴ共和国で一九世紀に用いられたもので、材質は貝、ヒョウ皮、玉などです。呪術師が部族の成人式、割礼式、狩猟の儀式などで着用していた服装であるとされています。

タカの仮面はブルキナファソのボボ族が一九世紀に用いていたものです。干ばつが続いたとき雨を降らす儀式で使われ、空を自由に飛び回るタカを模した仮面で部族の願いが天高くとどくことを祈ったものだそうです。

また、仮面やアフリカの彫刻などのほか、ジオラマや写真パネルもあり、十分に楽しめるコーナーばかりです。

獲物を狙っているヒョウ

一階はサファリパークとミュージアム・ショップです。ここではジャングルを表現したサファリが展開されているのですが、二・三階のフロアとは全く趣が異なります。ジャングルの動物はすべてクッションでつくられているので、テディベア・ミュージアムのようです。子供達には楽しめるコーナーでしょう。

ミュージアム・ショップでは本格的な木彫作品、ぬいぐるみなどの記念品が多数販売されています。

ジャングルのイメージ

カ バ

象

ピグミー族の衣装

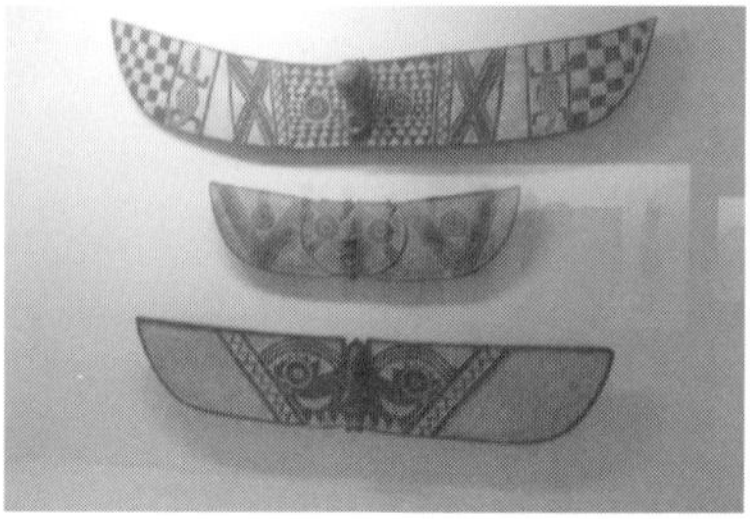

鷹の仮面

アフリカ人の寝室

✾アライブ・ミュージアム（博物館は生きている）（西帰浦市穡達銅２６２９　中文観光団地内）

重厚なコンクリート造りの建物の博物館に入ると、そこはトリック絵画の博物館でした。オプティカルイリュージョンアート、デジタルアート、オブジェアート、スカルチュアアート、プロパンスアートの各五つの錯視体験のテーマで、体験型造型館、屋外館、生き生きした３Ｄ館、最近の技術を駆使したデジタル館、かわいいプロバンス館などから構成される観客参加型博物館です。

博物館は生きている

入ってすぐにヨーロッパの建物群があります。ずっと奥まで建物が続いているように見えますが、実は途中から目の錯覚を狙ったトリックが隠されていた絵画でした。まんまと引っかかりました。次のトリック画は、窓からのぞく男女二人の目線がこちらがどこへ移動しても必ず我々の方向を向いているという不思議なものです。とくに男性の目線の動きは誠に奇妙でした。

次にマネの「草上の昼食」です。昼食が通路にまではみ出して広げられています。「笛を吹く少年」の像では、笛の部分が特別に実写されており、曲に合わせて指が動きます。同じような仕掛けがルノアールの「ピアノを弾く少女像」にもあり、ピアノの鍵盤に当たっている指先が同じく実写映像になっています。

モナリザのような女性像がカーテンを間に対峙しています。片方が息を大きく吹くとカーテンが一方に振れます。また反対側の女性が吹くと同じく反対側に大きく揺れます。これらはトリックなのですが。一体どのような仕組みなのかはわかりません。「パリのアメリカ人」の絵画では一人が額の外に飛び出しています。

奥まで建物が続いている
ように見えるトリック画

どこから見ても客
のほうを見ている
不思議な絵

このような世界の名画とのコラボが続きますが、どんな仕組みなのかは謎でした。

済州島には同じようなコンセプトのトリックアイ３Ｄ美術館がありますが、この博物館のほうが充実度が高く、楽しい時間を過ごすことができました。

なお同じ博物館がソウルの仁寺洞にもあります。

通路まではみだしている「草上の昼食」

水があふれて画面の外へ

絵の中のモナリザ風の女性が息を吹く

ひとりだけ額の外に

魚が画面の外へ

✻徐福展示館（西帰浦市正房洞１００）

秦の始皇帝の不老不死の夢のため不老草を探して済州島に来たという伝説のある徐福（徐復、徐市とも言われる）を記念して建てられた記念館です。二〇〇三年九月にオープンしました。

徐福は五〇〇人あるいは三〇〇〇人ともいわれる童男童女を連れ大船団を率いて不老草のあるという三神山の一つである瀛州山を探し航海しました。その瀛州山が漢拏山であるとし、済州島に着いた一行は正房の滝の海岸に錨を下ろし、瀛州山に上り不老草を求めたのち西に帰りました。徐福は帰り際に正房の岸壁に「徐市過之」という文字を刻み、「西帰浦」という地名もこのことから発生したとされています。

徐福展示館

徐福記念館は、この故事に従って『史記』などに見える徐福の話題を紹介し、ジオラマやイラストでわかりやすく解説しています。またハイテク技術で不老草を紹介する展示もあります。二〇〇五年七月には習近平（現在の中国国家主席）が訪問して記帳しています。

ところで徐福伝説は『史記』が出典となっています。それによると、秦の始皇帝の時代、はるか東方の海に仙人が住む三神山があり、そこには不老不死の薬があるとされ、徐福はその薬草を求める旅に出たいと申し出ます。この希望は叶い、徐福は莫大な費用を費やして旅に出ましたが、ついに何も得られず中国に戻り、クジラに阻まれて行き着けなかったと報告します。再度の挑戦を期して男女三〇〇〇人を率いた大船団で再出発しました。やがてとある島にたどり着きます。どこについたのかは書かれていませんが「平原広沢の王となり、中国には戻らなかった」と記されています。

徐福の伝承は日本でも佐賀県、鹿児島県、宮崎県、三重県熊野市、和歌山県新宮市、山梨県富士吉田市、

京都府与謝郡、愛知県などに残っています。新宮市には徐福墓地があり、平成六年には墓地を中心として園が整備されています。

徐福像

秦の始皇帝兵馬俑出土品のレプリカ

記念館入口の門

✻李仲燮美術館《イ・ジュンソプミスルグァン》（西帰浦市李仲燮路27）

韓国を代表する画家の李仲燮《イ・ジュンソプ》の済州での作品を集めた美術館です。駐車場から曲がりくねった石畳の道を上っていくと、途中に彼の住居があります。済州島独特のワラ葺き屋根の質素な民家です。李仲燮はここで貧しいながらも、妻と二人の息子たちと幸せに暮らしていたとのことです。坂を上りきると、コンクリートづくりの三階建てのガラス張りの美術館があります。一階はミュージアム・ショップ、チケットブースがあり、小さめの展示室があります。

李仲燮旧居

李仲燮は、一九一六年に平安南道平原の裕福な家庭に生まれました。母方の実家のある平壌で修学し、一九三〇年には鄭州の五山高等初等学校で本格的に美術の勉強を始めました。一九三六年には国立東京美術学校へ進みますが、一九三七年にはより自由な雰囲気の文化学院に移り学業を積みました。文化学院の先輩たちとともに美術創作協会に参加し、日本の主だった評論家から好評価を受け、協会の会員資格も得ました。一九四三年に太平洋戦争のため家族のいる元山に帰国、一九四五年には文化学院の後輩である山本方子と結婚します。日本の植民地時代には民族の象徴である「牛」を描いた作品を残しました。

李仲燮美術館

一九五〇年の元山爆撃により、李仲燮は母を元山に残したまま妻と二人の息子を連れて釜山に避難します。間もなく彼らは済州島に渡り、ここ西帰浦の地で一年間を過ごします。一九五一年一二月に釜山に戻ってからは避難場所を転

馬の作品が多い

々としながら耐乏生活を続けました。一九五二年七月に妻と二人の息子を日本に送り出した李仲燮は作品制作活動を続けます。朝鮮戦争後も統営、ソウル、大邱などを転々としながら情熱的に芸術活動を続けますが、家族とは離れ、度重なる詐欺にもあい、精神疾患を患ってしまい、最後は貧しく切ない作品を残し、一九五六年九月六日にひとりきりで四一歳の生涯を閉じました。

　李仲燮は、日本の植民地時代にも民族の象徴である『牛』を描き、朝鮮戦争後には強烈な意思と自信感で黄牛の作品を描きました。

　しかし家族と離れ、度重なる詐欺にあい、精神疾患を患い、最後は貧しく、切ない作品を残しひとりきりで生涯を終えました。一・三階に彼の作品の一部が展示されています。二階展示室には李仲燮自身の作品ではなく、彼と肩を並べる韓国の画家の作品が収集され、展示されています。なお美術館の建物のある丘陵には桜などの樹木が植えられ、李仲燮記念公園になっており、桜の季節には多くの国内外の観光客が訪れ賑わっています。

✻みかん博物館《カムギュルパンムルグアン》（西帰浦市孝頓楯環路４４１）（新孝洞）

　済州島の特産物であるみかんをテーマとした博物館が月羅峰の麓にあります。二〇〇五年にオープンした公立の専門博物館で、面積は二三一五㎡あります。

　朝鮮時代の明宗一九年（一五六四年）、済州牧使は冬至の頃、特産物であるみかんを王に献上しました。王はこれを喜び、済州牧使にその功労を称える贈物を授けました。

みかん博物館

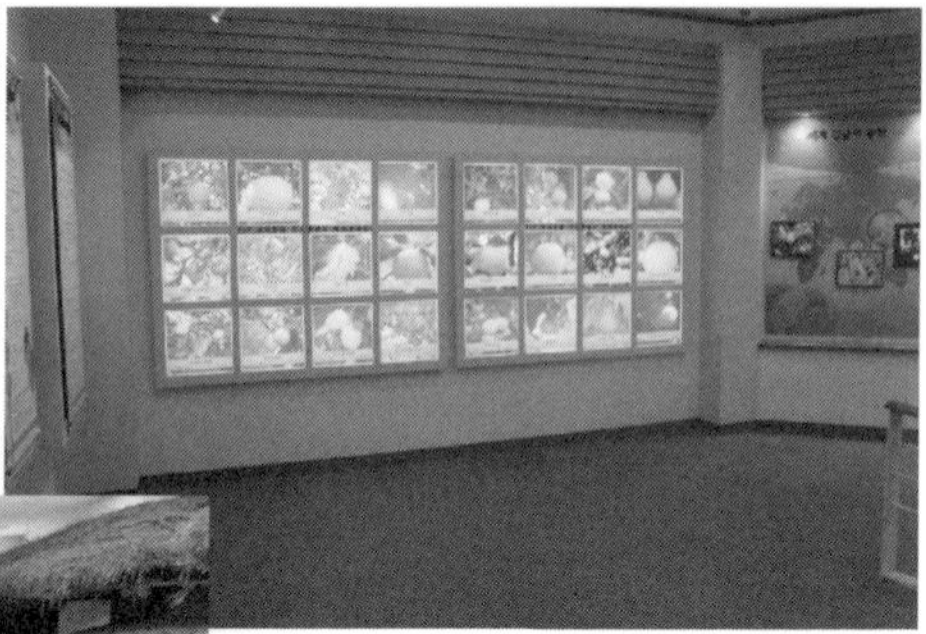

代表的なみかんの種類

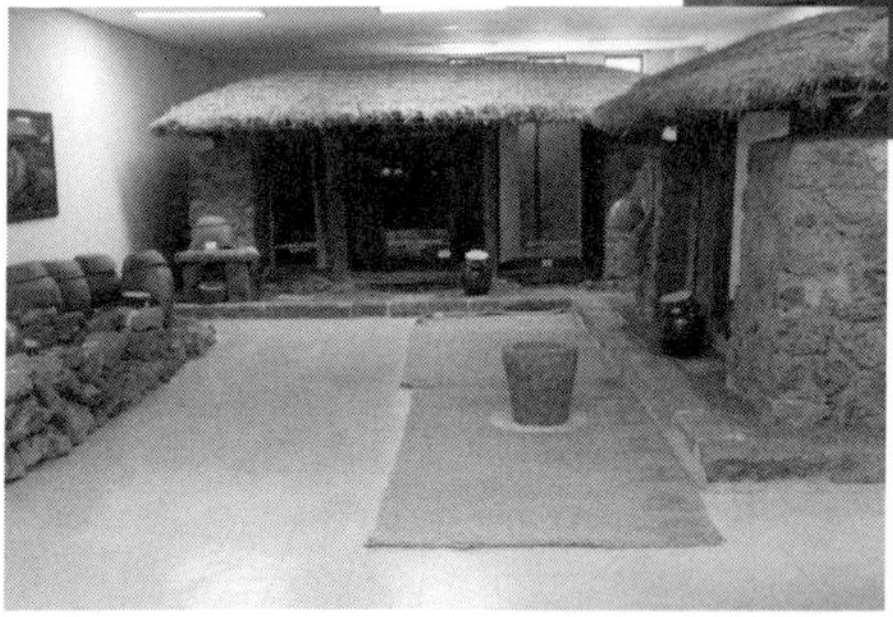

民俗展示

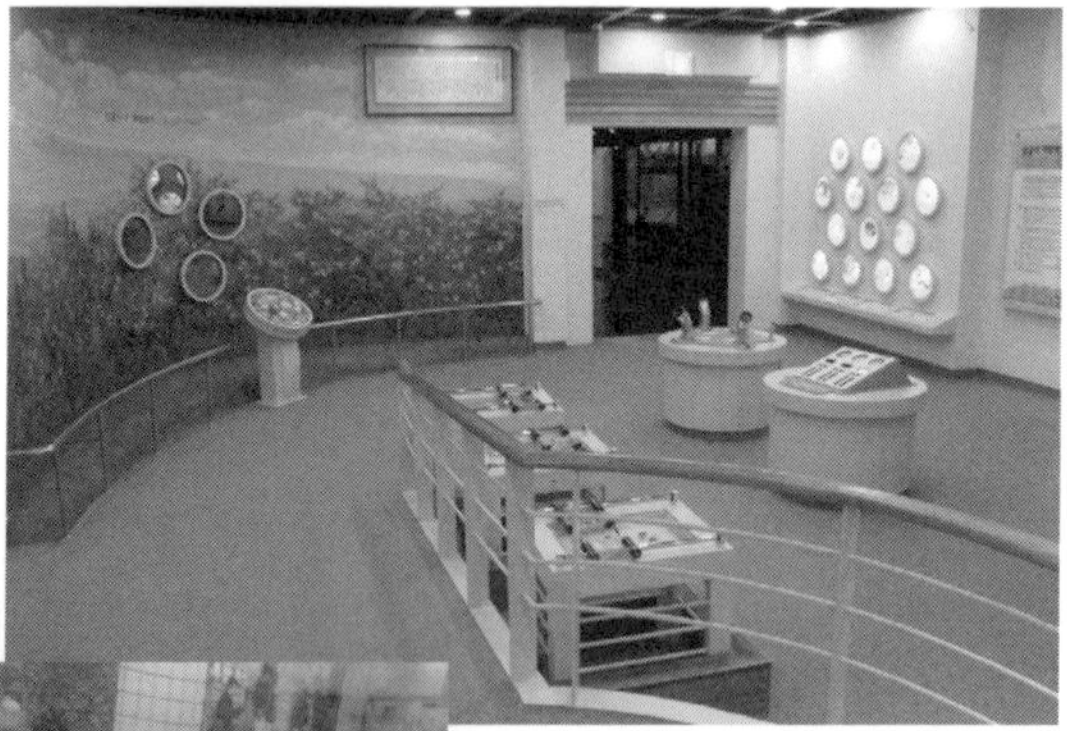

みかんとは？

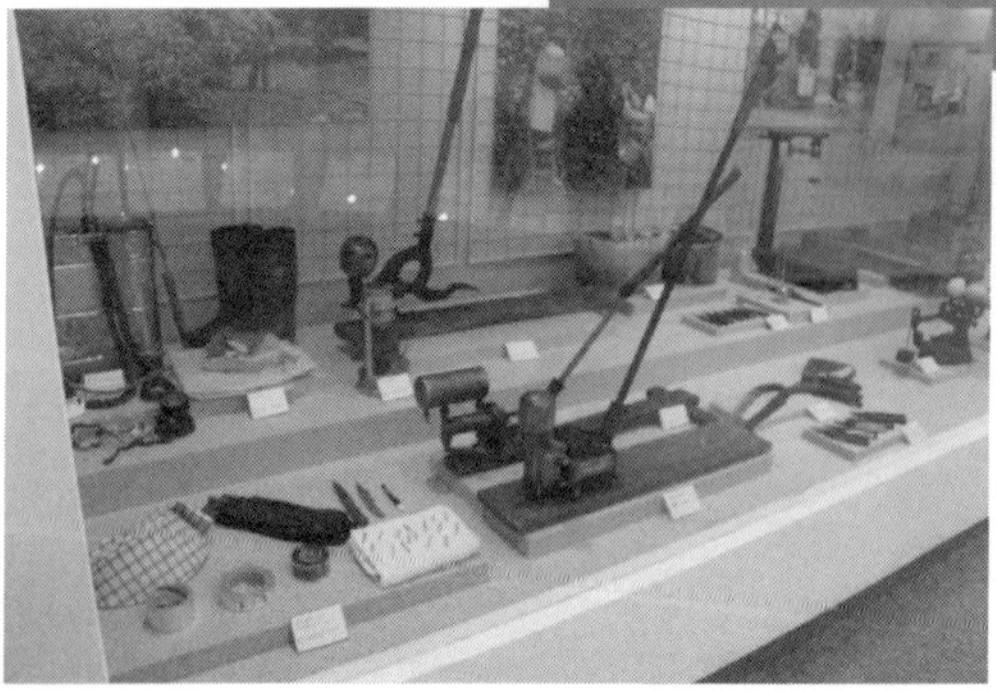

みかん栽培の道具

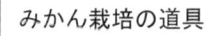

みかんを進呈するために設けられた果樹園では献上する量を満たすのには不十分でした。そこで官は一般の民家にあるみかんの木の一つ一つを調査し管理しました。一般人には木の株を基準として一年の役を免除する案が考えられましたが、実がなるやいなや官庁で一つ一つを帳簿に記録し、その数をみかんの木の所有者に課税しました。つまり収穫の時期までは長い期間が残っており、それまでに害虫や風によって落ちたみかんまでその所有者に責任を負わせたのでした。そのため民家ではみかんの木は苦痛を与える木として、お湯をかけて枯れさせることが日常茶飯事に行われたそうです。

『大典会通』六巻によると、済州三邑で珍しい柑橘の栽培を奨励し、その管理の良しあしによって奴隷階層である奴僕としている者に対して唐柑子・唐柚子、氣柑などがそれぞれ一定量貸し与えられ、その成績によっては奴隷階層からの解放もあった。しかし管理を怠り、成績が著しくないとそれらの返還は元より奴隷に戻されるという強硬な奨励方針が記録されています。

展示室

入口にあるモニュメント

世界みかん植物園

この博物館では、みかんの歴史と文化を知ることができる多種多様な資料が展示され、みかんを通じて済州の人々の暮らしの歩みを学ぶことができます。二階には済州島の農具の展示が行われていました。

世界みかん植物園

みかん博物館に隣接している温室では、世界で作られているみかん樹の実物をまじかに見ることができます。蜜柑栽培温室は二四七一㎡あり、内部に韓国、日本、アジア、ヨーロッパ、アメリカのみかん園など八〇種類以上の品種、一八〇本で構成されています。

亜熱帯植物園

みかん博物館と道路を挟んで隣接してガラス温室の植物園が見えました。わずかに観客らしき人物がちらほらと見られるのみでした。植物園の面積は一六五〇㎡で、二五四種七二二本が植栽されています。植物園とはいっても、樹木にわずかな名称を描いたプラスチック板が飾られているのみで、植栽されている植物も手入れが行き届いていないように見えました。

✿ガラス博物館（西帰浦市上猊洞４３０３）

もともとソウル郊外の金浦にあったガラス博物館を二〇〇八年に済州島に移転したもので、韓国のガラス芸術家たちによって建てられた韓国唯一の工房、展示場です。面積は二万六五〇〇㎡あります。

細いガラス管をつなぎ合わせた暖簾のようなものが続き、その間には花びらを開いたような色ガラスの世界があります。コンクリート舗装された通路をさらに進むと放射状のガラス管を組み合わせたものが五本立っています。夜間に

ガラス博物館

入口近くのモニュメント

展示室の内部

トルハルバン像

何に見えますか？

野外展示全景

ここに光が入るとさぞ美しいだろうなと想像しながら進むと展示館が見えてきます。

この展示館にはなかなかの力作がそろっています。無数に割られた板ガラスを積み重ねた作品、花柄文様を施したシックな壺、ガラスの原石のような大きなすりガラスの塊、淡いグリーンの色調を帯びる原石のようなガラスの塊などのアブストラクトな作品があります。さらには伝統的な花柄を配した壺、漆器の盆に映えるすりガラス状のどんぶり鉢と、黒くシックな色調のどんぶり鉢、いずれも陶磁器製品ではよくみられますがガラス製品としては珍しいものでしょう。ガラスケースそれぞれに作品が展示されており、異彩を放っています。

展示館を出て通路に戻ります。途中にハングル文字、中国語、英語、日本語で「済州の自然とガラス作品をお楽しみください」と書かれていました。この表示から少し坂を下ると、大小の石が散在する谷川と森の風景が目の前に広がります。おそらくこの光景を済州の自然と表現しているのかなあとも思います。

坂を下り切った場所から入口付近を望むと、ガラスのピラミッドをはじめ、いくつものガラス細工作品が目に入ります。夜間の照明が入ると別世界になるのでしょう。

坂の上に、荷車にカボチャや野菜果物を載せたオブジェが置かれていました。またここにはガラスつくり体験場とレストハウスがありました。季節的には夏の終わりという時期なのですが、すでにオフシーズンに入っているのか、営業をしていませんでした。

✻チョコレート博物館（西帰浦市日果里５５１）

テジョン農工団地の一画にあるチョコレート博物館は一五〇〇坪の敷地に

チョコレート博物館

作業工房

正面にあるチョコレート像

チョコレートの原料展示

カカオの展示

展示室

建つチョコレート色の煉瓦つくりの建物です。済州島独特の石垣で覆われた建物は中央に塔があり、ヨーロッパの古城の雰囲気です。

展示室入口に坐っている人間がいます。よく見ると全身チョコレートでできています。先に進むと、チョコレートの歴史が詳しく書かれたパネル展示が続きます。

右手奥のチョコレート工房では、原料のカカオがどのようにしてチョコレートになっていくのか、その工程を見ることができます。左手側を進むと、カカオの木に実るカカオ豆についての展示があります。

工房前のショップでは高価なチョコレートが販売されていました。

このほか、滑り台などの遊具が備えられた部屋や体験工房の部屋もありました。

ヨーロッパの古城のような建物

✽済州島の世界自然遺産

二〇〇七年七月に済州島内の漢撃山自然保護地区、拒文岳熔岩洞窟系、城山日出峰の三カ所が「済州火山島と熔岩洞窟群」として世界自然遺産に登録されました。韓国唯一の世界自然遺産です。それぞれの特徴は以下の通りです。

漢撃山自然保護地区は、済州島中央部にある標高一九五〇ｍの漢撃山は火口湖の白鹿潭と霊室奇岩、四〇〇余りの小高い丘（オルム）、一八〇〇余種の植物の生育など類まれな美しさを誇っています。また多様な火山地形、秀でた景観と地質学的、生物学的価値から国立公園、天然記念物保護区域に指定保護されています。

拒文岳熔岩洞窟系とは、拒文岳から噴出した玄武岩質熔岩流が海岸に流れていく過程で形成された熔岩群のことで、拒文岳、ペンディ窟、万丈窟、金寧窟、龍泉洞窟、タンチョムル洞窟が含まれます。洞窟ごとに独自の熔岩洞窟の特性が見られることから、済州島の世界自然遺産選定の強みになりました。

城山日出峰は、巨大な城のように見えることからかつては城山と呼ばれていましたが、のちに日の出が美しいという意味も加わって城山日出峰と呼ばれるようになりました。約五〇〇〇年前、浅い海での火山活動によって形成され「水成火山研究の教科書」とも呼ばれるほどに高い価値を誇っています。毎年元旦になると初日の出を拝もうと全国各地から多くの人が集まることでも知られています。

世界遺産　漢拏山

■世界遺産自然遺産の登録基準

世界遺産の登録基準はⅰからⅹまでありますが、自然遺産に関する登録基準はⅶからⅹまでで、済州島の場合はⅶとⅷです。

ⅶ、最上級の自然現象、又は、類まれな自然美・美的価値を有する地域を包含する。

ⅷ、生命進化の記録や、地形形成における重要な進行中の地質学的過程、あるいは重要な地形学的又は自然地理学的特徴といった、地球の歴史の主要な段階を代表する顕著な見本である。

✽済州島生物圏保存地域（漢拏山国立公園、霊泉孝敦川、森島、蚊島、虎島一帯）

人が自然を保全することによって、自然から様々な恩恵を受け、それによって得た利益を自然の保全に役立てる形で還元する。そうなれば人と自然との協力によって持続可能な発展を実施することができます。「生物圏保存地域」は豊かな生物種と美しい自然が保全されているとユネスコが認定した地域であり、国際的にも広く知られるようになります。

済州島が登録されたのは二〇〇二年一二月で、総面積は約八万㎡に及びます。一部は後に世界自然遺産に登録されています。ちなみに世界の生物圏保存地域は一二〇カ国六六九カ所、韓国内では五カ所です。

なお済州島は、世界自然遺産、生物圏保存地域、世界ジオパーク（世界地質公園）というユネスコの認証する「三冠王」を達成しています。

あとがき

ぶらりあるき博物館シリーズ韓国編の二冊目の済州島の博物館がようやくできました。韓国の博物館取材のなかでは済州島は最後に訪問した地です。しかしわずかな期間に何回も足を運んだこともあり、博物館、テーマパークについてほとんどすべての分野のものが揃っているこの島の印象が強く焼き付いています。そして、観光資源としての博物館という点では考えさせられる部分が多く、大変勉強になりました。たとえばトリックアイ、テディベアーのような同じテーマの博物館でも、観客の関心を集めるように展示を工夫しているのは参考になります。

一方で、済州島に根付いたテーマでないものや、テレビドラマなどの一時的なブームに頼ったものなどは入館者の減少により閉鎖を余儀なくされています。最初に訪問した時は開館していた施設がわずかな期間の後に訪問したら休業・閉館していたというケースもありました。本書刊行にあたりこの点を確認しましたが、今後も状況変化がないとも限りませんので、お断りしておきます。

最後になりましたが、済州島の博物館取材に同行していただいた沖直弥、西岡健、冨加見泰彦氏をはじめ地元済州コンベンションセンターの呉盛奎氏、さらに種々ご迷惑をおかけした朴サンウン氏、池田榮史氏、毎々無理を通していただいている芙蓉書房出版平澤公裕氏に厚く感謝申し上げます。

中村　浩

参考文献

井上英雄訳注『三国史記』東洋文庫372、平凡社、一九九七年
三品彰英『三国遺事考証』塙書房、一九九七年
井上英雄『古代朝鮮』講談社、二〇〇四年
司馬遼太郎『街道をゆく28耽羅紀行』朝日文庫、一九九〇年
『済州海女』済州海女博物館、二〇一四年
『平和の嵐―済州四・三平和公園』済州四・三平和財団
History and Culture of Jeju, JEJU NATIONAL MUSEUM, 2006.
Natural Heritage and Folklore of Jeju Island, Folklore & Natural History Museum, Jeju Special Self-Governing Province
*これらのほか「地球の歩き方 韓国』『マップル 韓国・ソウル・釜山・済州島』のほか、各種ガイドブック、各地域、施設などで入手したパンフレットのほかインターネット記事などを参照しました。

著　者

中村　浩（なかむら ひろし）
大阪大谷大学名誉教授、和歌山県立紀伊風土記の丘館長
1947年生まれ。同志社大学大学院文学研究科文化史学専攻中途退学。博士（文学）。著書に『和泉陶邑窯の研究』（柏書房、1981年）、『和泉陶邑窯出土須恵器の型式編年』（芙蓉書房出版、2001年）、『須恵器』（ニューサイエンス社、1980年）、『古墳文化の風景』（雄山閣、1988年）などの考古学関係書のほか、2005年から「ぶらりあるき博物館」シリーズを執筆、刊行中。既刊は、パリ、ウィーン、ロンドン、ミュンヘン、オランダのヨーロッパ編5冊、マレーシア、バンコク、香港・マカオ、シンガポール、台北、マニラ、ベトナム、インドネシア、カンボジア、ミャンマー・ラオス、チェンマイ・アユタヤ、沖縄・奄美、北海道、釜山・慶州のアジア編14冊。

ぶらりあるき韓国済州島《かんこくさいしゅうとう》の博物館

2019年 6月30日　第1刷発行

著　者
中村《なかむら》　浩《ひろし》

発行所
㈱芙蓉書房出版
（代表 平澤公裕）
〒113-0033東京都文京区本郷3-3-13
TEL 03-3813-4466　FAX 03-3813-4615
http://www.fuyoshobo.co.jp

印刷・製本／モリモト印刷

ISBN978-4-8295-0764-3